# Onmogelijke Dierenhelden

*Ook door*

**JENNIFER S. HOLLAND**

***Onmogelijke liefdes***

***Onmogelijke vriendschappen***

# Onmogelijke Dierenhelden

**37 OPMERKELIJKE VERHALEN *over* HELDEN *in het* DIERENRIJK**

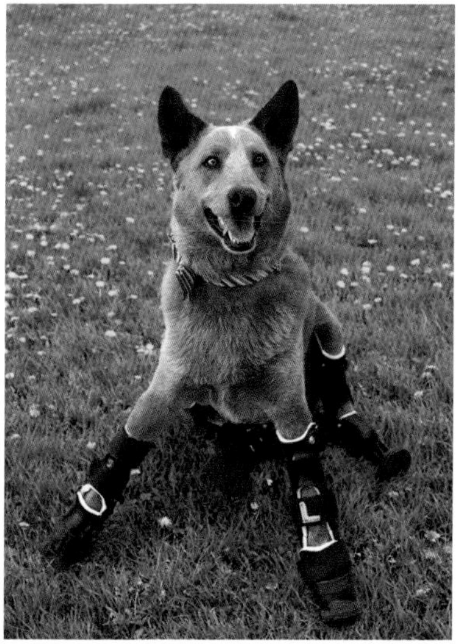

*door*

JENNIFER S. HOLLAND

KOSMOS
Utrecht/ Antwerpen

KOSMOS
www.kosmosuitgevers.nl

Oorspronkelijke titel: *Unlikely Heroes: 37 Inspiring Stories of Courage and Heart from the Animal Kingdom*
Oorspronkelijke uitgever: Workman Publishing Company, New York

Ontwerp door: Ariana Abud en Raquel Jaramillo
Beeldselectie: Melissa Lucier
Vertaling: Akkie de Jong, www.inAksie.nl
Belettering omslag en zetwerk binnenwerk: Elgraphic bv, Vlaardingen
Fotografie: TK
ISBN 978 90 2155 878 3
ISBN e-book 978 90 2155 880 6
NUR 430

Voor al die geweldige mensen die
verwaarloosde dieren een tweede kans geven.
Ook jullie zijn helden.

*Jasmine,*
*de gulle greyhound,*
*met een nieuwe vriend.*

‘Een held is iemand die zijn of haar leven heeft gewaagd
voor iets wat groter is dan hij- of zijzelf.’

— Joseph Campbell

# Inhoud

p. 148

p. 160

p. 26

*Joy, een zeeotter en supermoeder, met een jong.*

# Inleiding

**ALS MIJN GROTE HOND IN HET DONKER INEENS BLAFT** vanaf zijn post boven aan de trap, geef ik hem een dankbare knuffel. Hij past op me. Natuurlijk is het zijn instinct het huis te bewaken, of ik nu thuis ben of niet. Daarom blaft hij soms ook tegen de wind. Maar dat doet niets af aan mijn waardering voor zijn lage, dreigende blaf. Mijn hond is mijn held, een status die hij dankt aan het beetje kabaal dat hij maakt omwille van zijn baasje.

Soms vloeit er bij heldendaden wat meer bloed. Als je *Onmogelijke vriendschappen* hebt gelezen herinner je je misschien het verhaal van Dotty en Stanley, waarin een ezel haar schapenvriendje te hulp schoot toen dat werd aangevallen door een dolle hond. Ze nam een enorm risico door de hond tussen haar eigen kaken te klemmen en rond te slingeren; hij had zich gemakkelijk kunnen omdraaien om haar te lijf gaan. Stanley raakte zwaargewond maar Dotty redde zijn leven.

Wat is een held eigenlijk? In de mensenwereld is dat een simpele vraag. Het is de piloot die omkomt op een gevaarlijke missie, de lijfwacht die een kogel opvangt voor de president, de vrouw die een brandend gebouw in rent om een kind te redden. Misschien is het ook de oma die haar kleinkinderen opvoedt, de man die een promotie laat schieten om voor zijn doodzieke vader te zorgen, de boer die gewonde dieren opneemt en ze weer beter maakt.

Andere helden zijn wat... hariger. Tijdens mijn onderzoek stuitte ik op een wallaby die op en neer sprong en met zijn grote poten op een deur bonsde om hulp te krijgen voor een boer die was geraakt door een tak, een pitbull die zijn gewonde baas van de treinrails sleepte en een Afghaanse windhond die koppig voor de rijdende grasmaaier van zijn baas ging liggen om een nest konijnen in het gras te beschermen.

Heldendom in de dierenwereld vat ik erg breed op. Net zoals vriendschap en liefde, kan ook heldendom bij dieren verschillende vormen aannemen. Natuurlijk noemen we dieren een held als ze zich in een gevaarlijke situatie storten om een ander te redden. Maar ook dieren die speciale zorg en genegenheid geven aan eenzame of gewonde schepselen zijn helden. Dieren die niet-verwante dieren adopteren en zo andere soorten in stand helpen houden hebben iets heldhaftigs (ook al hebben ze geen idee van hun grootmoedigheid). Dieren zoals hulphonden, die hun hele leven steun bieden aan behoeftige mensen, zijn bijzonder heroïsch. Ook al zijn ze hiervoor opgeleid, voor mij zijn het toch helden omdat ze zoveel geven.

Niet iedereen deelt deze mening. Cat Warren, schrijfster van het geweldig interessante *What the Dog Knows*, werkt met lijkenhonden die helpen bij het opsporen van menselijke resten. In haar boek vertelt ze dat ze er direct spijt van had toen ze eens hardop verzuchtte dat haar hond haar held was. 'Ik was moe en had het niet moeten zeggen, al meende ik het op dat moment echt,' schreef ze. Ze zei dat hondenbegeleiders 'onvoorzichtig worden door het idee dat hun honden onfeilbaar zijn en in hun eentje moeilijke puzzels kunnen oplossen ... Mensen moeten honden trainen willen die succes hebben.'

Ze heeft natuurlijk gelijk. In het geval van werkdieren spelen trainers en eigenaren een cruciale rol, iets wat zij althans goed moeten onthouden. Toch zegt het iets over mensen dat Warren haar hond instinctief een held noemde: we zien graag moed en grootmoedigheid in dieren. Dat geeft ons troost. Het geeft een warm, behaaglijk gevoel in een vaak zo harde wereld.

Hulpvaardig gedrag komen we overal in de dierenwereld tegen en het is niet altijd duidelijk hoe dat wordt beloond. Zo werd vroeger gedacht dat gewone chimpansees niet erg altruïstisch waren en alleen gaven onder druk. Maar nu weten we dat zogenoemd prosociaal gedrag hun voorkeur heeft boven egoïstisch gedrag. Eenvoudiger gezegd: ze doen soms iets aardigs voor een ander zonder dat ze er aanwijsbaar iets voor terugkrijgen. Bij één onderzoek besloten chimpanseewijfjes voedsel te delen met 'vrienden' die noch hoger in rang, noch aan hen verwant waren. Ratten doen hetzelfde bij hun maatjes, evenals talloze andere zoogdieren.

Vooral bonobo's zijn genereus voor groepsgenoten. Ik zal niet in details treden (dit is tenslotte een boek voor jong en oud) maar

Lon Hodge and Gander.

laten we zeggen dat iedereen 'genegenheid geeft' aan iedereen, vaak en open en bloot. In de bonobogemeenschap is elkaar beminnen een manier om de vrede te bewaren. Natuurlijk geniet elk dier afzonderlijk van die liefde, maar de voordelen betreffen de hele troep.

En dan een dier waarvan je het niet verwacht: de vampiervleermuis. Ik observeerde deze vreemde zoogdiertjes onlangs samen met Gerry Carter, een student aan de universiteit van Maryland die onderzoekt waarom deze vleermuis voedsel deelt met niet-familieleden. Hij richt zich daarbij op het hormoon oxytocine dat mogelijk medeverantwoordelijk is voor deze gulheid. In een verduisterd laboratorium zagen we door videocamera's die goed inzoomen hoe een vleermuis een bek bloed (ja, dat eten ze echt) niet alleen gaf aan een hongerig familielid, maar ook aan een vreemde die erom bedelde. Ze bedelen door elkaars bek te likken, heel intiem.

Net als bij de chimpansees is dit 'helpend' gedrag op het eerste gezicht in evolutionair opzicht niet logisch: waarom energie en voedsel verspillen aan een dier dat jouw DNA niet deelt? Draait niet alles om de noodzaak genen te verspreiden? Maar Gerry legt uit dat een sociale band onder vleermuizen meer betekent dan verwanten helpen te overleven.

'Je begrijpt dit beter als je denkt aan vriendschap tussen mensen,' zegt hij: 'Iedereen brengt kleine offers om vrienden in nood te helpen, maar het onderhouden van zulke vriendschappen is belangrijk voor ons eigen welzijn.' Als we alleen onze familie vriendschap schonken, legt hij uit, zouden we daarmee ons sociale netwerk beperken van mensen met wie we nu af en toe optrekken en die ons later kunnen helpen.

Hetzelfde geldt wellicht voor de vleermuizen. En net zoals wanneer jij een vriend helpt, is de gulheid van een vleermuis geen strategische zet met het oog op beloning. Sommige vleermuizen geven gewoon graag, net zoals sommige mensen. Ze willen gewoon aardig zijn.

Je kunt het ook anders bekijken. 'Moederliefde is echt. Maar liefhebbende moeders hebben ook meer kinderen die blijven leven.' Die liefde zit dus in het DNA; de genetische en emotionele banden zijn verweven. Hetzelfde geldt voor vleermuizen: in de loop van de evolutie, zegt Gerry, waren degenen die ruimhartig anderen voedden beter in staat te overleven en zich voort te planten. Dus het voeden van 'vreemden' is op alle niveaus zinvol.

Zelfs honingbijen brengen ogenschijnlijk offers voor soortgenoten. Recent onderzoek toonde aan dat werkbijen de kolonie blijven verdedigen en voeden, ook al is het volk kwijnende, ten dode opgeschreven en zal het weldra zijn verdwenen. In plaats van egoïstisch te worden en alleen voor zichzelf te zorgen, werken de bijen (die allemaal familie zijn) voor het algemeen belang. Elke bij geeft aan de familie om de familiegenen in stand te houden, ook al betekent het zijn eigen dood.

Biologen hebben hiervoor een deftige term: ze noemen het bijengedrag *evolutionair altruïsme*; de bijen als geheel zullen het beter doen dan de individuele 'gulle' bij. Als een chimpansee voedsel deelt, is dat *gedragsaltruïsme*; op de korte termijn heeft de geefster zelf minder (geeft voedsel weg) maar later kan ze er voordeel van hebben (de vriendin deelt haar voedsel): de chimpansee denkt niet per se zover vooruit. Toch wordt ze er uiteindelijk beter van.

Tot slot is er nog *psychologisch altruïsme*, als elke vorm van eigenbelang ontbreekt. Er is alleen de drang een ander te helpen uit empathie. Pas kort geleden toonden onderzoekers aan dat Aziatische olifanten (net als mensapen, honden en raven) een verdrietige kuddegenoot troosten met aanrakingen en kalmerende tsjirpende geluiden. Ik geloof dat de meeste zoogdieren dat vermogen bezitten. Is het geen mooie gedachte dat niet-menselijke wezens aardige dingen doen, gewoon omdat hun hart ze dat ingeeft?

Eén resultaat is weinig verrassend: er komen in dit boek heel veel honden voor! Ik heb zelfs een paar geweldige hondenverhalen moeten weglaten: over reddingen uit puinhopen, heldendaden op het slagveld en levensreddende sprongen uit helikopters om mensen op te pikken uit zee. Zo kwam er ruimte voor andere diersoorten. Gelukkig leverde mijn speurwerk tal van schepselen op die het leven van anderen redden of hard werkten om levens te verrijken. Lama's. Een kameel. Schapen. Konijnen. Gorilla's. Paarden. Een eland. Een zeeolifant! Je komt ze hier allemaal tegen.

Wat ik vooral geweldig vind aan dierenhelden is hun bescheidenheid (een beter woord ken ik niet). Dieren handelen onzelfzuchtig en zijn niet uit op erkenning, tv-optredens of prijzen. Nadat de held zijn goede daad heeft verricht gaat hij gewoon door met wat hij altijd doet. Eten. Slapen. Poepen. In de modder rollen. Hij denkt niet na over zijn moed. Hij pocht niet tegenover anderen op zijn heroïsche daad. Hij ís gewoon.

En dat is voor mij een echte held.

*Deel een*

# Superhelden

## *Spontane heldendaden*

‘Doe wat je kunt, met wat je hebt, waar je bent.’
— *Theodore Roosevelt*

**HIER LEES JE OVER DE WARE HELDEN UIT DE DIERENWERELD,** de schepselen die te hulp schoten, hun angst opzijzetten en gevaar trotseerden omwille van een ander. Of ze het nu beseffen of niet, ze zijn moedig. Hun snelle handelen heeft levens gered.

CONNECTICUT, V.S., 2009

# Lincoln, *de* leonberger *met* leeuwenmoed

LINCOLN WAS EEN LEEUW. OF HAD DAT KUNNEN ZIJN. HIJ WAS een leonberger, een trotse reus, een koning onder de honden. Het ras kan bijna 100 kilo worden. Maar de harige snoet, sierlijkheid en vriendelijke aard zijn in tegenspraak met zijn immense kracht en dit gold vooral voor Lincoln. Hoewel hij 73 kilo zwaar was, woog zijn lieve aard daar ruimschoots tegenop, evenals zijn toewijding aan zijn eigenaar, Vic Neumann. 'Mijn vrouw noemde hem mijn klittenbandhond omdat hij nooit van mijn zijde week,' zegt Vic.

Vic en zijn vrouw Joan uit Connecticut, Amerika, hadden al twee leonbergers voor Lincoln kwam, maar een daarvan was pas overleden. Na elf jaar samen was Mia, de andere hond, zielsbedroefd. Het leek of ze door het verdriet kromp en haar energie verloor en niets kon haar pijn verzachten. Haar eigenaren namen Leo ook om Mia een vriend te geven. Na een paar ontmoetingen begonnen de honden te spelen en 'Mia leefde helemaal op; we zagen haar veranderen,' zegt Vic. 'Met hem erbij werd Mia weer de oude. Hij was haar grote kleine broertje en ze vatten echt liefde voor elkaar op.'

Toen Mia ouder en trager werd, namen Vic en Joan nog een leonberger, dit keer uit een fokkerij. Ondanks haar moeilijke start paste Cassie zich meteen aan de anderen aan zodat een gezin van vijf ontstond: drie harige reuzen en twee liefhebbende eigenaren.

Op een zaterdag in de zomer van 2009, toen het twee weken hard geregend had, wilden Vic, Lincoln en Cassie dolgraag hun benen weer eens strekken dus gingen ze op weg naar de rivier de Farmington. Hun favoriete plekje lag maar 4,5 kilometer verderop en Vic kwam er al achttien jaar, altijd met zijn honden. De rivier stond bijna vier meter hoger dan normaal en klotste over de oever, maar leonbergers kunnen goed zwemmen; ze hebben zelfs zwemvliezen. In Italië worden ze wel uit helikopters neergelaten om mensen te redden uit zee. Vic maakte zich dus geen zorgen toen ze het water in gingen. 'Ik stond op de kant en gooide een stok waar zij achteraan gingen en speels om vochten, aangemoedigd door omstanders,' weet hij nog.

Cassie was dol op water en zwom soms de 45 meter naar de overkant. Maar die dag leek ze midden op de rivier in moeilijkheden te komen. Het water stroomde snel en 'ze spande zich enorm in, maar kwam niet vooruit,' zegt Vic. 'Mijn vriend Roger was erbij en ik zei hem dat ik me zorgen maakte. Toen zag ik ontwortelde bomen snel langsdrijven en bedacht dat haar poten misschien wel verstrikt zaten in rommel onder water.'

'Ik moet haar helpen,' zei Vic tegen Roger en gaf hem zijn mobieltje. Toen worstelde hij zich de rivier in, zijn werkschoenen en spijkerbroek nog aan.

Hij was nog niet ver of de rivier greep hem. 'Het water tilde me gewoon op en voerde me mee. Ik dreef pijlsnel stroomafwaarts naar het noorden, naar de plek waar de Farmington uitmondt in de Connecticut, weg van Cassie.' Vic was kort daarvoor geopereerd aan een schouder en had die ochtend nogal wat kreupelhout weggesnoeid, dus hij kreeg algauw last van pijn en spierslapte. Maar 'eerst maakte ik me meer zorgen om de hond dan om mezelf. Hoe kon ik haar nu bereiken? Toen voelde ik die hulpeloze angst, beseffend dat ik me niet drijvend kon houden.' Vic watertrapte maar werd toch onder water getrokken. 'Toen ik de eerste golf water binnenkreeg, dacht ik echt dat ik er geweest was.'

Vic raakte in paniek toen de stroom hem door een bocht sleurde, zodat niemand op de oever hem meer kon horen. Nu ging het tussen de man en de rivier en het zag ernaar uit dat de laatste ging winnen.

'Toen hoorde ik gepuf en geblaas achter me en ik wist eerst niet wat dat was,' zegt Vic. 'Toen besefte ik dat het Lincoln was. Hij leek vanuit het niets te komen en schoot als een raket onder mijn arm omhoog waarbij hij mijn hele bovenlijf letterlijk uit het water tilde.' Vic sloeg zijn armen om de enorme nek van het dier, zijn redder, en klemde zich vast. 'Ik was bang dat ik hem onder zou trekken maar hij was sterk. Ik zocht een punt om me op te richten en riep: "Zwem, Lincoln!". Dat deed hij. Ik stuurde ons naar een boom die van de oever was gespoeld en eenmaal daar greep ik een tak.'

Vic hield met één hand Lincolns halsband vast en met de andere de tak. Toen hoorde hij zijn vriend Roger, die Vic achterna was gesprongen, als het ware voorbijvliegen. Vic greep hem bij zijn T-shirt voor de stroom hem kon meesleuren. 'Algauw hingen we allemaal aan die boom, zo'n 75 meter bij de mensen vandaan. We klampten ons daar ongeveer 45 minuten vast en riepen luid om hulp.'

Eindelijk werden hun kreten opgevangen door een stel dat aan het kajakken was en dat schoot te hulp. Ze hadden touwen bij zich en wisten de twee mannen en de hond weer op de oever te trekken. 'Toen we op het vertrekpunt kwamen, was Cassie daar. Ik huilde van vreugde toen ik haar zag.' Ook zij was gered, door een middelbare scholier die aan zwemmen deed en toevallig bij de rivier was. Hij was omlaag gedoken en had de poten van de hond bevrijd; ze zaten inderdaad vast tussen takken en stenen onder water. 'Ze stond daar naar me te kijken alsof ze wilde zeggen: waarom ging je nou zwemmen zonder mij?' zegt Vic.

Vic viel bijna flauw van opluchting toen hij Cassies kwispelende staart zag. 'Mijn emoties liepen over. Ik gaf de jongen een beloning voor zijn heldhaftige daad en belde de volgende dag naar zijn school in een naburige plaats om ze te laten weten hoe geweldig hij had gehandeld.'

Volgens ooggetuigen was Lincoln in de rivier gesprongen zodra het water Vic meevoerde. 'Mogelijk heeft hij aldoor achter me gezwommen en tilde hij me op toen hij zag dat ik echt in nood was.' Vic vraagt zich af of Lincoln in tweestrijd heeft gestaan: moest hij Vic volgen of zijn maatje Cassie helpen? 'Maar hij kwam achter mij aan. Hij heeft mijn leven gered.'

*Levensredder Lincoln op de oever van de rivier.*

De moedige hond kreeg ruime belangstelling toen Vics verhaal bekend werd. Er volgde een mediahype met onder meer speciale onderscheidingen en aandacht in een film van Animal Planet waarin het gebeuren werd nagespeeld. En na Lincolns dood in 2011 stroomden brieven en e-mails binnen om hem te eren, met woorden die Vic nog altijd koestert. Daaronder ook deze: 'Lincoln was een mooie ziel, een mooie knul. Als we zijn leven gedenken kunnen wij hem ook stilzwijgend danken voor het jouwe. Hij was een natuurkracht en zijn sterke en goedmoedige geest zal voortleven.'

Een jonge Gimpy.

CALIFORNIË, V.S., 1995

# De zeeolifant *die* *het* opnam tegen pestkoppen

HET EERSTE WAT IK OPMERKTE WAS DE STANK. IK WAS de rotsen langs een Californisch strand op geklauterd op zoek naar een goed uitkijkpunt, maar hier ging ik niet op mijn ogen af. De muskusachtige geur van natte hond en rotte vis sloeg me in het gezicht. Zeeolifanten. Ik hurkte op een eerbiedige afstand, niet lettend op de stank en genietend van het tafereel: tientallen enorme hompen grijs vlees die verspreid in het zand lagen als, nou, gestrande walvissen.

Deze luidruchtige, onwelriekende zeezoogdieren horen samen met de zeehonden, zeeleeuwen en walrussen tot de vinpotigen. Ze horen beslist tot de meest sociale en levendige zeewezens. In het paarseizoen vormen ze een kolonie die al snel ontaardt in een wild festijn. Terwijl de wijfjes de mannetjes lijken te negeren, zwaaien de laatste

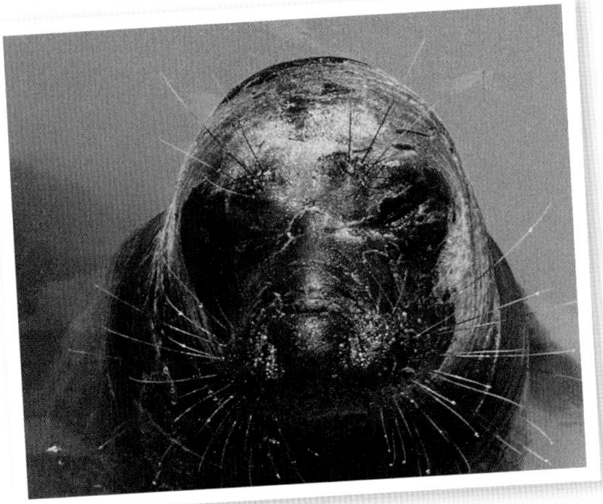

*Op de dag van de aanval woog Gimpy maar liefst 90 kg meer dan de jongen.*

trots met hun grote, slappe, slurfachtige snuiten en demonstreren met luid getrompetter hun dominantie over de rest van de ongeregelde kudde. De grootste kunnen wel 2 ton wegen en 4 meter lang zijn en ze zullen rivalen of indringers aanvallen of ten minste najagen. Ook wijfjes met jongen zijn bijzonder knorrig als vreemden te dichtbij komen. Ik was gewaarschuwd flink afstand te houden.

Gelukkig voor Hugh Ryono waren de zeeolifanten die op een zonnige dag in 1995 achter hem aan kwamen pas een jaar oud, nog lang niet volwassen in omvang en gedrag. Maar ze kregen tanden en waren in de fase waarin ze vechten om de rangorde te bepalen,' vertelt Hugh. 'Ze hadden heel effectieve hondachtige tanden die onbeschermd mensenvlees ernstig zouden kunnen verwonden.' Voor Hugh had die dag slecht kunnen aflopen. Maar hij ontkwam ongedeerd dankzij een onwaarschijnlijke beschermer: Gimpy.

Gimpy (niet echt een naam voor een held, maar schijn bedriegt) was een jonge zeeolifant. Ze was een jaar eerder beland in het Marine Mammal Care Center in Californië, Amerika, met een gewonde kop waardoor ze aan haar linkerkant verlamd en gedeeltelijk blind was. Het arme dier zou waarschijnlijk nooit helemaal genezen. Ze ging wel iets vooruit, maar het personeel wist dat ze nooit meer in het wild zou kunnen overleven. Als vrijwilliger bij het centrum moest Hugh haar vaak voeren en haar verblijf schoonmaken en tot zijn blijde verrassing toonde ze dan geen agressie. Hij had zelfs het idee dat ze het fijn vond als hij bij haar was.

Gimpy's verblijfsgenoten waren minder hartelijk. Op de bewuste dag was Hugh het verblijf alleen in gegaan om het vuil op te ruimen van de zes veel kleinere, maar erg recalcitrante pups. Hij schermde zich voor ze af met een plank voor het geval de pups agressief werden. Maar terwijl hij bezig was in de natte gladde ruimte, gleed hij uit over een half opgegeten sardine, viel plat op zijn buik en stootte daarbij de plank om.

Hij viel zo hard dat hij sterretjes zag en wat volgde, leek in slow motion te gebeuren, zegt hij. 'Ik keek verdwaasd op en zag drie boze zeeolifantjes aankomen', schreef hij later in zijn blog. 'Ze leken stuk voor stuk van plan hun nieuwe hoektanden op me uit te testen!' De blaffende pups kropen dwars over zijn schild heen zodat hij het niet kon pakken en stevenden recht op hun nieuwe menselijke bijtring af.

*Zeeolifantenpups zien er schattig uit, maar kunnen zeer agressief zijn.*

Vanuit zijn ooghoek zag Hugh nog een massa blubber aankomen, een wel heel grote. Hij dacht dat zijn aanvallers zich hadden verspreid om hem van alle kanten te bespringen. Het zou een heftige middag worden.

Maar die 136 kilo vlees rechts van hem viel niet aan. Hij of zij kwam Hugh te hulp. Het was Gimpy.

Misschien tolde zijn hoofd nog van de val, maar, zegt hij, 'ze leek wel een engel toen ze naar me toe kwam.' Toen ze naast hem lag, wist hij op handen en knieën over haar lijf te kruipen zodat ze tussen hem en zijn aanvallers in lag. De zeeolifant leek onaangedaan door het lichamelijke contact. En toen de bijtgrage troep bleef naderen gaf ze de jongen met open bek, haar kop op en neer bewegend en haar tanden ontbloot, een stille waarschuwing die de aanval beëindigde. Bedreigd door het grotere dier (ze was wel 90 kilo zwaarder dan elk van hen) bliezen ze de aftocht, zodat Hugh zijn schild kon grijpen en het gevaar geweken was.

Hugh had nog werk te doen, dus zette hij het voorval uit zijn hoofd, veegde zijn kleren af, klopte zijn redster op de rug en zei simpelweg: 'Bedankt, Gimpy.' Later trakteerde hij de zeeolifant op een extra vis, al vond hij het nauwelijks genoeg als beloning voor haar daad. Hoe meer hij over het gebeurde nadacht, hoe dankbaarder hij werd. Hugh wist dat Gimpy een drama had voorkomen.

*Gimpy wordt gewassen.*

Hugh zegt dat hij door deze ervaring de dieren waarmee hij werkte ging zien als echte individuen. 'Ze zijn niet alleen onderdeel van een kudde of troep. Elk dier heeft een eigen persoonlijkheid en aard. En als je hun eigenaardigheden leert kennen is het gemakkelijker en meer bevredigend met ze te werken,' zegt hij.

## MOEDERMELK VAN DE ZEEOLIFANT

De pups van de noordelijke zeeolifant groeien bijzonder snel doordat de melk van hun moeder veel vet bevat, soms wel 55 procent. Ter vergelijking: koemelk en menselijke moedermelk bevatten circa 4 procent vet.

Waarom kwam Gimpy Hugh die dag te hulp door zichzelf voor een boze meute te plaatsen? 'Ze was geen vechtersbaas. Ze was vrijwel blind en in een gevecht duidelijk in het nadeel.' Haar tussenkomst was dus geen natuurlijke reactie. Het dreigen met open bek 'was gewoon bluf,' zegt Hugh. 'Ze is een goedmoedige reus!'

'Maar toen ze een jaar eerder vocht voor haar leven,' zegt Hugh, 'was ik vaak haar badmeester die haar uit het bassin hielp (door de verwondingen was haar coördinatievermogen aangetast). Dan lag ze daar bellen te blazen terwijl ik een monoloog tegen haar hield over koetjes en kalfjes, over dingen die ik met niemand anders kon bespreken.' Gimpy kon goed luisteren en viel hem nooit in de rede!

'Ik denk dat ze gewend raakte aan mijn stem,' zegt hij. 'Dus toen ze me hoorde schreeuwen toen ik uitgleed in het verblijf kwam ze kijken of alles in orde was. Voor mij werd ze die dag een echte held.'

LOUISIANA, V.S., 2010

# Het paard *dat* vocht *met de* agressieve hond

SUNNY BOY WAS NIET TE TEMMEN. HIJ WAS EEN PAARD dat alleen angst kende en daardoor had hij zich tegen de mensenwereld gekeerd. Hij had al diverse eigenaren gehad en ten minste een van hen had hem erg slecht behandeld. Hij was geslagen, zelfs met een buis. Nu liet hij zich niet benaderen. 'Er is een periode in het leven van een dier, vlak na de geboorte, waarin het zich zijn moeder inprent en een band met haar aangaat,' zegt Mark Wendell. 'Ik denk niet dat dit paard die band ooit heeft gekend, met niemand of niets.'

Dat wil zeggen, tot Marks dochter Chloe ten tonele verscheen. Sunny Boy was al zes jaar en had geen sociale vaardigheden. Hij leek mentaal onbereikbaar. 'Zijn toenmalige eigenaren zeiden zo ongeveer: als je hem kunt vangen, mag je hem hebben (tegen betaling, natuurlijk)'. Chloe was vastbesloten. Ze viel meteen voor het dier, maar begreep instinctief dat dit paard niet zomaar genegenheid zou accepteren. Dus ging ze niet achter hem aan, maar liet hem naar haar toe komen. En algauw deed hij dat en liet zich aanraken. Niet lang daarna zat ze op zijn rug. 'Ik gaf hem de tijd om te leren dat ik hem geen pijn zou doen,' zegt ze. 'En toen ontstond er gewoon een band.'

Paarden en de Wendells horen bij elkaar. Mark kreeg zijn eerste paard op zijn eerste verjaardag. Hij gaf hetzelfde cadeau aan zijn oudste dochter en zag trots hoe ze uitgroeide tot een getalenteerd amazone en trainer. Sunny Boy was voor haar een extra uitdaging: een mentaal beschadigd paard dat ze kon helpen om te genezen.

Ondanks zijn problemen was hij (en is hij nog steeds) een echte schoonheid. 'Als iets uit een sprookje,' zegt Mark, 'een goudkleurige palomino, fraai gebouwd met een mooi hoofd. In een groep paarden valt hij meteen op.'

Dus was Sunny Boy zeer op zijn plaats toen hij op een mooie lentedag in al zijn schoonheid stond opgesteld voor een optocht in Louisiana, Amerika, een plaatsje dat bekend is om het jaarlijkse Redbud Festival. Mark en Chloe hadden al eerder aan de optocht meegedaan, maar voor Chloe's dertienjarige zus, Kristen Burgess, was het de eerste keer. Het trio zadelde in alle vroegte de paarden voor het grote festijn, gekleed in hun mooiste western-outfit.

Toen de festiviteiten begonnen, ging het mis voor de

Wendells. 'We waren net de hoofdstraat op gereden die dwars door de stad loopt, toen er ineens een hond op ons af kwam stormen,' vertelt Chloe. Het was een pitbull en geen lieverdje. Ze zegt dat ze de hond eerder had zien staan blaffen in de achterbak van een pick-up, maar ervan was uitgegaan dat zijn baas hem voor de optocht wel zou vastleggen.

'Maar de hond was los en op oorlogspad,' zegt Chloe. 'Hij rende recht op mijn zusters paard Angel af. Hij knalde zelfs tegen haar aan en haalde het paard bijna onderuit! Dat was niet eenvoudig want Angel is groot.'

De hond begon het paard van beneden aan te vallen en in de buik te bijten en het grote dier danste rond, vergeefs proberend de hond te ontwijken.

**REPUTATIE VAN DE PITBULL**

**Voor ze werden gestigmatiseerd als gevaarlijk ras, hadden pitbulls een 'geweldige reputatie als ideale gezinshonden omdat ze zo goed waren met mensen,' aldus Pamela Reid, vicevoorzitter van de ASPCA. Geen enkel ras is of vriendelijk, of vals. Uit onderzoek blijkt dat de invloed en zorg van de eigenaar vaak even belangrijk zijn als het DNA van de hond.**

'Mijn zus wist niet wat ze moest doen,' zegt Chloe, 'dus hield ze alleen de teugels stevig vast. Maar toen haar paard van de weg raakte en op rotsachtig terrein belandde, besloot ze dat het veiliger was eraf te springen.' Bezorgd om haar zus op de grond steeg ook Chloe af en rende naar haar toe. 'Toen keerde de hond zich tegen ons,' zegt ze.

Op dat moment deed Sonny Boy iets verbluffends. In plaats van ervandoor te gaan, wat typisch gedrag is voor een paard (vooral als het nerveus is), rende hij naar zijn eigenaar en ging tussen Chloe en de hond staan. 'Hij duwde me echt uit de weg,' vertelt ze, 'en schopte de hond tegen zijn snuit!' Hoewel de schop de hond niet helemaal uitschakelde, bleef die wel zo lang op afstand dat Chloe en Kristen zich in veiligheid konden brengen.

Nu was Marks paard aan de beurt. De vader van de meisjes reed al verderop toen de hond opdook. Hij en een vriend kwamen in galop terug zodra ze de commotie opmerkten. Hoe ze de hond ook schopten, het hielp niet. En toen richtte het dolle beest zijn aandacht op Marks paard en greep zijn been vast. Zelfs toen het paard begon te rennen, bleef de dolle hond zijn kaken om het been klemmen en liet zich zelfs een stuk over de weg meeslepen.

Ten slotte werd een politieagent de hond de baas, maar toen was er al veel schade aangericht. Marks paard was zo getraumatiseerd dat het uiteindelijk moest worden afgemaakt. De andere paarden werden opgelapt met talloze hechtingen en vette rekeningen van de dierenarts. Sunny Boy had in een been een gescheurde gewrichtsband waarvan hij nooit compleet herstelde. 'Hij loopt nog wat mank en we berijden hem niet veel,' zegt Mark. 'Maar zijn persoonlijkheid is nog hetzelfde. Hij is koppig en laat zich niet graag vangen. Alleen door Chloe, natuurlijk.'

Het gezin kan nog steeds niet geloven wat Sunny Boy die dag deed. Paarden zijn vluchtdieren, legt Mark uit. 'In een stressvolle situatie willen ze ervandoor. Dat is hun aard. Als ik niet met eigen ogen had gezien wat er gebeurde, had ik het niet geloofd.' Hij zei dat een vrouw die er ook getuige van was hem later vertelde hoezeer het haar verbaasd had. 'Ze zei dat ze eerst dacht dat ze het zich inbeeldde, zo onverwacht was dat gedrag. Hij heeft het leven van mijn dochter gered.'

En hoe knorrig Sunny soms ook is, hij blijft geven. Mark werkt met ex-gedetineerden en probleemjongeren en de paarden van de Wendells worden gebruikt bij de therapie. Ook daar vervult Sunny Boy een speciale rol. 'We gebruiken hem als voorbeeld voor mensen die getraumatiseerd zijn,' zegt Mark. 'Hij laat mensen zien dat je het ondanks je slechte ervaringen toch kunt maken in het leven, zelfs een held kunt zijn.

*Gewone dolfijnen, zoals hier op de foto, beschermden Robbie en zijn studenten.*

WHANGAREI, NIEUW-ZEELAND, 2004

# Dolfijnen *als* strandwacht

LAAT IK BEGINNEN MET EEN POSITIEVE BOODSCHAP OVER haaien, voor ik een griezelig haaienverhaal ga vertellen. Haaien zijn ongelooflijke, ontzagwekkende dieren. Meestal interesseren ze zich niet voor mensen en doden doen ze hen maar zelden, niet vaker dan grote landdieren, zoals olifanten en nijlpaarden, dat doen. Als een haai een mens bijt, laat hij die daarna vaak los, alsof hij beseft dat hij zich heeft vergist.

Maar haaien zijn roofdieren en niet schuw. Helaas lopen ontmoetingen tussen mens en dier soms slecht af. De wateren van Nieuw-Zeeland kennen tal van plaatsen waar deze zeeroofdieren veel voorkomen.

Nieuw-Zeelander Robbie Howes was zich bewust van dit gevaar. Dus lette hij heel goed op toen hij in 2004 een groepje nieuwe strandwachten meenam op een lange zwemtocht in zee, om hun kracht en zelfvertrouwen te vergroten. Ze waren circa 100 meter uit de kust en wilden een krappe een kilometer zwemmen, van het ene eind van het strand naar het andere.

De aspirant-strandwachten waren Robbies dochter Nicky, toen vijftien, en haar vriendinnen Karina en Helen. De zwemmers startten allen tegelijk in een flink tempo, maar waren nog niet ver toen ze merkten dat ze gezelschap hadden.

'De vin dook op uit het niets en de meisjes raakten even in paniek, maar ik zag al snel dat het een dolfijn was,' weet Robbie nog. Het bleek niet om één dier te gaan maar om een hele school. Ze omringden de zwemmers en bewogen met hen mee alsof ze bij het team hoorden. Hoewel het niet dagelijks gebeurde, 'hadden we eerder met dolfijnen gezwommen. Er was vaak interactie met ze,' zegt Robbie. Er was dus geen reden om verrast of bang te zijn.

Na circa twintig minuten zwemmen, vertelt Robbie, gebeurde er iets vreemds. 'Het gedrag van de dolfijnen veranderde. Ze begonnen heel dicht om ons heen te zwemmen en met hun staart op het water te slaan. Ze waren heel dichtbij, we hadden ze kunnen aanraken, terwijl ze erop los sloegen en spetterden.' De zwemmers voelden de opwinding van de dolfijnen en vroegen zich af wat de oorzaak was.

Robbie besloot van de kring weg te zwemmen om te achterhalen wat de dolfijnen zo opwond. Dus hij trok een sprint en wist zich af te scheiden en zo'n 9 meter weg te zwemmen. Helen wilde bij haar instructeur blijven en besloot met hem mee te gaan.

De grootste dolfijn verliet de school en zwom recht naar Robbie

*Robbie Howes heeft geluk gehad.*

en Helen toe. Vlak voor hen dook hij onder en Robbie draaide zich om om te zien waar hij zou opduiken. 'Toen zag ik een donkere vorm in het water die snel om ons heen zwom op 90 graden van de dolfijn,' zegt hij. 'Mijn hele lichaam spande zich in een soort oerafweerreactie toen ik besefte wat het was.'

Het was een 3 meter lange witte haai.

Robbie zag meteen dat de dolfijn hen met zijn manoeuvre had beschermd tegen een aanval van het roofdier door ook zichzelf in gevaar te brengen. 'Ik denk dat de haai zag dat we kwetsbaar waren en de kans greep om achter ons aan te gaan. En de dolfijn had door wat er gebeurde en dook voor ons onder om de haai uit koers te brengen.'

Het roofdier gaf het echter nog niet op. Met alleen zijn hoofd en schouders boven water kon Robbie de bewegingen van de haai maar een paar tellen volgen. Toch was dat lang genoeg om te weten dat hij op zijn dochter en Karina af ging. 'Het was zo'n situatie waarin de tijd lijkt stil te staan,' zegt hij. Voor hij kon reageren 'werden de dolfijnen rond Nicky en Karina helemaal dol; ze tolden rond en spetterden en sloegen met hun staart. En toen werd alles ineens kalm. Ze hadden de haai verdreven. Hij was weg.'

Op dat moment was Robbie de enige in de groep die wist dat de grote witte haai in de buurt was geweest. Mensen op het strand die alle drukte hadden gezien dachten dat de zwemmers speelden met de dolfijnen, niet dat ze maar net waren ontsnapt aan een haai. Hij wilde de anderen niet bang maken dus terwijl de groep terugzwom naar het strand hield hij het nieuws voor zich.

Nu blijkt dat dolfijnen instinctief heel dicht bij elkaar gaan zwemmen als afweermechanisme en met hun staart slaan als waarschuwing voor naderende roofdieren. 'Dit waren duidelijke signalen dat er een haai in de buurt was,' zegt Robbie. 'Als we dat hadden geweten hadden we misschien eerder beseft dat we in gevaar waren.' Maar mogelijk was het een geluk dat ze het niet wisten. 'We hadden misschien verkeerd gereageerd en geprobeerd naar het strand te zwemmen en ons zo verspreid. Nu hielden de dolfijnen ons bij elkaar' en verjoegen de haai. En hoewel de dolfijnen natuurlijk gedrag vertoonden, had Robbie het gevoel dat ze opzettelijk de zwemmers in hun kring opnamen en zo beschermden. De dolfijn die in zijn eentje naar hen was toegekomen had ongetwijfeld bewust geholpen.

Robbie zegt dat hij zijn pupillen de waarheid pas de volgende ochtend vertelde, ‘toen ze weer in het water waren.’ Ongetwijfeld werd die dag met argwaan naar elke donkere plek in zee gekeken.

**GROTE WITTE HAAI**

**Volwassen grote witte haaien kunnen meer dan 60 km per uur zwemmen. Anders dan andere vissen hebben haaien geen zwemblazen die ze helpen drijven. Ze danken hun drijfvermogen aan hun grote lever, die is gevuld met vetten en oliën.**

Voor de onthulling had Nicky ‘geen idee’, geeft ze toe. ‘Mijn vriendin en ik dachten gewoon dat de dolfijnen gek deden. We waren zo geboeid door hun gedrag dat we niets merkten van de haai. Anders zou ik vreselijk bang zijn geweest.’

Waarom schoten de dolfijnen de zwemmers te hulp? Robbie denkt dat het komt door eerdere positieve ervaringen met mensen. ‘Deze scholen doen Ocean Beach regelmatig aan. Ze reageren speels op ons, maar wij respecteren hun ruimte en vallen ze niet lastig. Misschien zien ze ons als een soort aanhang van de familie.’

Nicky voegt eraan toe: ‘Het helpt beslist dat ik weet dat ze er zijn. Ik word nu wel de dolfijnenfluisteraar genoemd en we staan bekend als zeezoogdiermagneten! Ik voel me echt vereerd dat ze ons zijn komen helpen.’

NEW YORK, V.S., 1996

# De kat *die* vuur trotseerde

IN 2008 OVERLEED EEN HEEL SPECIALE MAMA. HAAR NAAM was Scarlett en haar dood ontroerde talrijke mensen overal ter wereld. In New York kreeg ze een heldenafscheid met haar verlichte afbeelding op de Jumbotron boven Times Square. Wie was deze kat?

Scarlett leek een doodgewone poes, een jonge dakloze lapjeskat die in 1996 in New York City probeerde te overleven. Ze dankt haar faam aan een bijzondere daad van barmhartigheid die over de hele wereld het nieuws haalde.

Ze zwierf al een poos rond en had kortgeleden een nest van vijf kittens geworpen in een leegstaande garage in Brooklyn. Op 30 maart 1996 zat de jonge moeder binnen met haar vier weken oude jongen toen het gebouw in brand vloog. Brandweerman David Giannelli, die in actie was gekomen bij de ramp op 9/11, had een zwak voor dieren. Hij was de eerste die de kittens ontdekte, op een rijtje in het gras gelegd, weg van het vuur. Hij besefte meteen dat de moeder ze daar een voor een moest hebben neergelegd; steeds weer was ze het gebouw in gegaan om elk katje bij het nekvel te grijpen en in veiligheid te brengen.

Toen hij de moederpoes vond, was ze ernstig verbrand. Haar vacht was weggeschroeid, de huid eronder lelijk toegetakeld en haar ogen en oren waren kaal en vol blaren; maar dat had haar er niet van weerhouden door te gaan tot alle vijf haar kittens waren gered.

Karen Wellen uit New York adopteerde Scarlett een paar maanden na de brand en zorgde vervolgens twaalf jaar voor haar. 'Ik had op tv gezien dat het asiel iemand zocht die haar kon adopteren als ze zou overleven,' zegt Karen. 'Mijn 22 jaar oude kat was toen net overleden en alleen een heel speciaal dier kon zijn plaats opvullen.' Bovendien had Karen pas een ernstig auto-ongeluk gehad en voelde zichzelf 'nogal een kneus'. Ze wilde graag een dier redden dat haar pijn deelde. Deze kat was de ideale kandidaat. Na rijp beraad en persoonlijke gesprekken liet het asiel zijn keus vallen op Karen.

Ze zegt dat een van de kittens uiteindelijk stierf aan zijn verwondingen, maar de andere werden spoedig na de brand in paren geadopteerd. Scarlett zelf wende snel aan haar nieuwe thuis. Karen vertelt: 'Ze was ongelooflijk slim en lief. Ze had veel littekens en een gevoelige huid en miste haar buitenste oogleden, dus moesten haar ogen drie keer per dag worden behandeld met speciale zalf. Maar je merkte absoluut niet aan haar wat ze had doorgemaakt.' Zelfs toen de kat later een lymfoom en nierproblemen kreeg, bleef ze even lief.

*Scarlett en haar kittens.*

'Ze was mijn goeroe, mijn leraar,' zegt Karen, 'iets wat je wel nodig hebt in New York, waar mensen snel kwaad worden. Zij was zo kalm en kroop altijd liefdevol en spinnend bij je. Ze had een goede invloed op me.'

En voor Karen was ze echt een held, 'niet alleen om wat ze deed maar ook om hoe ze leefde. Ze liet zich niet klein krijgen door haar trauma. Ze bleef positief (als je dat over een kat kunt zeggen) en klaagde nooit. Scarlet was altijd aan het spelen en springen, dan rende ze rond de eettafel en probeerde je been te pakken. Dit dier genoot van het leven.'

Goed beschouwd was het misschien heel natuurlijk wat Scarlett deed. Moeders zijn geprogrammeerd om hun kinderen te beschermen. In elk geval bij de meeste zoogdieren is het moederinstinct vaak sterker dan pure logica. Het geeft moeders de kracht en moed om dingen te doen die ze anders zouden mijden, waaronder het trotseren van gevaar.

Toch is het verbazend hoe bij deze kat het hart, althans iets wat daarmee intrinsiek is verbonden, moet hebben geblokkeerd wat haar brein haar vertelde. Ze deed wat ze doen moest, betaalde de prijs en ging verder.

*Scarlett bleef spelen, ondanks haar pijn en littekens.*

*Een gnoeknalf wordt in veiligheid gebracht onder toeziend oog van een zebra en krokodil.*

**Narok County, Kenia, 2010**

# Het dappere nijlpaard bij de rivier

Als in de onherbergzame Afrikaanse Serengeti de grond verschroeit en openbarst onder de meedogenloos brandende zon, trekken de zoogdieren weg. Van juni tot oktober mijden ze het 18.000 km2 grote gebied in Noord-Tanzania en Zuidwest-Kenia. Het water droogt op en er is haast geen voedsel. Om te overleven trekken dieren zoals gnoes, zebra's en Thomsongazellen, ongeveer 2 miljoen in totaal, over een grote afstand naar groenere oorden in het noorden.

Ze gaan op weg naar de nog weelderige Masai Mara, waar ze vier maanden grazen tot het in de Serengeti weer regent en ze naar huis kunnen. Van een afstand is deze trek een majestueus gezicht, met reusachtige kudden die zich verplaatsen over een enorm oppervlak. Maar middenin kan de werkelijkheid schokkend zijn.

*Voor gnoes is het oversteken van de rivier een gevaarlijke onderneming.*

Bij de rivier de Mara, het moeilijkste deel van de tocht, spant het erom. Het diepe en snelstromende water waarvoor de dieren komen te staan is zelf al een hindernis. Maar het wordt extra dodelijk door de krokodillen die de kudden liggen op te wachten om zich te goed te doen aan de vermoeide hoefdieren. Het is hun strategie zich te richten op kleine en zwakke dieren waarvoor de stroom te sterk is. Veel ervan bereiken nooit de overkant.

Eén junimaand had Abdul Karim, een in de Masai Mara wonende natuurkenner en gids van safarikamp Sanctuary Olonana, gezien hoe gnoes en zebra's samen naar de rivier trokken. Hij wist dat ze die weldra zouden oversteken. 'Ze verzamelden zich bij een smalle oversteek die we Kaburu noemen, dat in het lokale Swahili 'gevaarlijk' betekent. Na zware regens stond het water hoog en er waren enorm veel dieren; ik wist dat ze in beweging zouden moeten blijven.'

Hij had gelijk. 'Als ze gaan oversteken lijkt het wel een stormloop,' zegt hij. 'Elk dier probeert wanhopig de overkant te bereiken zonder te worden gegrepen door de hongerige krokodillen of de sterke stroom.' Abdul zette zijn jeep zo neer dat de toeristen die hij begeleidde konden zien hoe de dieren zich van de ene naar de andere oever worstelden. Er stonden nijlpaarden op de kant, territoriale beesten die er niet voor terugdeinzen een ander dier aan te vallen dat ze in de weg loopt. Maar die dag hielden ze afstand en lieten de panische kudden de gevarenzone in plonzen.

Het was chaos. Sommige dieren werden gegrepen door krokodillen. Andere verloren hun evenwicht en gingen onder. Het water stroomde, de stervende dieren schreeuwden in doodsnood. De gelukkige klauterden de oever op. 'Het duurde ongeveer twee uur, waarin vele het leven lieten,' zegt Abdul.

Toen gebeurde er iets ongelooflijks. 'De nijlpaarden waren op afstand gebleven tot de laatste stuk of tien gnoes overstaken,' zegt Abdul. 'Midden in de groep liepen een wijfje en haar kalf mee.' Toen de moeder in het water sprong, volgde het kalf en probeerde haar wanhopig bij te houden. 'De moeder, die sterker was, kon tegen de stroom op en klom op de steile oever voor ze omkeek,' aldus Abdul.

‘Maar haar kalf werd worstelend en naar adem happend meegesleurd door de stroom.’ Het leek te willen omkeren, maar had geen kracht meer. De toeschouwers wisten dat als het kalf niet zou worden gegrepen door een krokodil, het zou verdrinken.

Op dat moment kwam een van de nijlpaarden in actie. En anders dan je zou verwachten.

‘Een groot nijlpaard, dat een wijfje bleek te zijn, ging het water in, recht op het worstelende kalf af. Ze duwde het met haar kop naar de oever, waar de moedergnoe panisch heen en weer rende.’ Het jong klauterde het land op en rende naar zijn moeder, leunde even tegen haar flank en begon te drinken. Abdul en zijn groep begonnen spontaan te applaudisseren. ‘We hadden allemaal verwacht dat het nijlpaard het arme kalf zou verscheuren. Maar het tegendeel gebeurde.’

Intussen gingen er nog steeds dieren het water in. Toen greep de stroom een zebraveulen, net als eerder de jonge gnoe. Toen het jong rondspartelde, met zijn achterpoten klem tussen rotsen, bood onze onwaarschijnlijke heldin opnieuw haar diensten aan.

*Het dappere nijlpaard in actie!*

Ze ondersteunde de zebra van achteren tot zijn hoeven land raakten. 'Hij bleef daar even staan hijgen,' zegt Abdul, 'en hobbelde toen naar zijn moeder die de hoop vast al had opgegeven.'

Naar bleek was het hulpvaardige nijlpaard zelf een zogende moeder, wier jong binnen het zicht bij de rest van de familie stond. Abdul denkt dat haar moederinstinct haar ertoe bracht de kwetsbare jongen te helpen. 'Maar de manier waarop ze de grenzen van haar eigen soort overschreed was echt heroïsch,' zegt hij. Een nijlpaard nota bene, een dier dat niet bepaald bekendstaat om zijn tolerantie, had kostbare energie gespendeerd aan het redden van twee jongen van een andere soort.

En, zegt Abdul: 'Laat dat een les zijn voor het menselijk ras!'

## ZWETERIGE NIJLPAARDEN

**Om hun naakte huid te beschermen tegen de hete zon, produceren nijlpaarden 'superzweet', een rode zonwerende stof met een zowel insectenwerende als desinfecterende werking.**

Binti Jua.

ILLINOIS, V.S., 1996

# De goede gorilla

ROND LUNCHTIJD OP EEN ZOMERDAG IN AUGUSTUS 1996 KLOM in de Brookfield Zoo bij Chicago, Illinois, een jongetje hoger dan hij mocht omdat hij de grote dieren van dichterbij wilde bekijken. Hij gleed uit, tuimelde over het hek en belandde zo'n 6 meter lager in het gorillaverblijf.

Craig Demitros, destijds hoofdoppasser en nu curator van de mensapen, zat samen met andere oppassers te lunchen net buiten het verblijf. Hij wist dat er iets ernstigs was gebeurd toen hij mensen hoorde schreeuwen en gezinnen in paniek door de nooduitgang zag komen. Direct gaf hij het 'signaal 13' voor mogelijk levensbedreigende situaties.

De jongen lag bewusteloos op de grond van het verblijf terwijl boven hem chaos uitbrak. Toen liep een van de gorilla's, het acht jaar oude wijfje Binti Jua, op het bewegingloze lichaam af. Tegen de tijd dat Craig en twee collega's over de muur keken, 'stond Binti onder ons met haar zeventien maanden oude jong op haar rug en een drie jaar oud mensenkind over haar rechterarm.'

Het personeel werkte op topsnelheid. Met waterslangen dreven ze de rest van de gorilla's weg van de jongen en hun nachthokken in. Intussen droeg Binti het slappe bundeltje ruim 2 meter ver, over een beekje en naar een boomstam, weg van de andere dieren. Op enig moment leek ze, met haar rug naar de andere dieren gekeerd, het kind te wiegen zoals een moeder doet met een slapende baby. Ten slotte legde ze het neer en ging met haar soortgenoten mee naar binnen.

Na Binti's vertrek begon de jongen bij te komen. Het personeel en verplegers die in de buurt waren daalden af, stabiliseerden hem op een plank, droegen hem uit het apenverblijf en tilden hem in een ambulance. Nog geen twintig minuten na zijn val werd de jongen afgeleverd in een lokaal ziekenhuis. 'Het leek allemaal uren te duren,' zegt Craig. 'Ik stond er versteld van toen ik hoorde hoe snel het was gegaan.'

Binti Jua wiegt het gewonde jongetje.

Was Binti een held? Volgens sommigen wel. Anderen plakken niet zo snel een etiket op dat een doelbewuste daad suggereert. 'We kunnen alleen speculeren over haar motieven,' zegt Craig. Zij was het dichtst bij het gevallen kind en 'eerlijk, als iemand een rugzak, waterfles, telefoon of wat dan ook over de muur had laten vallen zou zij of een andere gorilla die vast hebben opgepakt, gewoon uit nieuwsgierigheid. Probeerde ze de jongen echt te beschermen tegen haar soortgenoten? We weten het gewoon niet.' De jongen bleek alleen een gebroken pols en wat snijwonden en blauwe plekken te hebben, dus Binti had hem niet extra verwond. 'Gelukkig deed ze voorzichtig met hem toen ze hem ronddroeg,' zegt Craig.

Natuurlijk kan het ook zijn dat Binti bewust of instinctief 'het juiste' heeft gedaan. Ze was met de fles grootgebracht en dus gewend aan mensen. Ze had zelfs lessen in het moederschap gehad van haar verzorgers omdat ze geen rolmodellen had die ze in een gorillatroep in het wild zou hebben nagedaan. 'Ook het feit dat ze zelf een jong had kan een rol hebben gespeeld,' zegt Craig. Het was een geluk dat het kind bewusteloos was, legt hij uit. Als hij had gehuild en gesparteld had Binti hem misschien als bedreiging gezien. En als een agressievere gorilla het kind had vastgegrepen had het heel slecht kunnen aflopen. 'We hebben die dag in heel veel opzichten geluk gehad,' aldus Craig.

### WESTELIJKE LAAGLAND-GORILLA

Binti Jua's ondersoort *Gorilla gorilla gorilla*, zijn in de Afrikaanse jungle het meest verbreid en het talrijkst. Er leven grote aantallen in Kameroen, de Centraal Afrikaanse Republiek en Congo. De laatste twee decennia zijn hun populaties geslonken door stroperij (om het vlees en om te houden als huisdier), ontbossing en ziekte (vooral het ebolavirus).

De naam Binti Jua is Swahili en betekent ‘dochter van Zonneschijn’ (zoals haar vader heette). Dit lijkt passend voor een dier dat vele dagen met zonneschijn schonk aan een kind dat anders niet meer had geleefd. Dat kind, nu twintig en allang hersteld van zijn val, is buiten de schijnwerpers gebleven. Zijn naam is nooit bekendgemaakt en de dierentuin hield zijn identiteit en zijn verhaal stil. Ze claimden ook de rechten op Binti Jua’s naam, opdat die niet kon worden geëxploiteerd. ‘We geloven dat hij na het voorval een paar keer terug is geweest in de dierentuin,’ zegt Craig, ‘maar anoniem.’

Het gedrag van de gorilla’s die dag kende niet alleen een goede afloop, maar bracht ook een enthousiast publiek dat alles over gorilla’s wilde weten naar de dierentuin. ‘Sommige mensen denken bij gorilla’s aan King Kong,’ zegt Sondra Katzen van de pr-afdeling. ‘We hebben ons best gedaan dat te veranderen.’ Gorilla’s zijn in feite erg intelligent, erg sociaal en binnen hun eigen troep meestal goedmoedig.

De groep in Brookfield telt nu drie generaties verwanten van Binti Jua, de gorilla die van een stuntelig, met de fles gevoed jong dier is uitgegroeid tot een onwaarschijnlijke heldin, de matriarch van haar troep met haar dochter en kleindochter aan haar zij. We kunnen alleen maar hopen dat haar volgende jong net zo is als zij.

## EEN ANDER GORILLAVERHAAL

In een Engelse dierentuin, 1986, viel een vijfjarige jongen in het betonnen apenverblijf.

Jambo, de alfagorilla van de troep en een bonk kracht, slenterde naderbij. Hij bestudeerde de jongen, raakte hem met de rug van zijn hand aan en rook vervolgens aan zijn hand. Het wijfje en de jonge apen besloten Jambo's trofee wat nader te bekijken, maar Jambo ging tussen hen en de jongen in staan alsof hij hem beschermde.

Ondertussen waren twee oppassers in het verblijf bezig Jambo en zijn familie naar binnen te drijven. Er sprong een verpleger met een touw in de kuil en het team wist het kind met hulp van bovenaf uit het verblijf te tillen.

Gelukkig had de jongen geen levensbedreigende verwondingen en het voorval eindigde zonder verdere schade. Intussen verbreidde het verhaal zich razendsnel en Jambo werd betiteld als een held.

Had hij het kind echt beschermd? Het had er veel van weg. Het enorme beest had zich tegen de jongen kunnen keren omdat hij die zag als indringer. Hij had de andere apen hun gang kunnen laten gaan. Maar hij deed geen van beide. Hoewel het er even helemaal niet op leek, had die kleine jongen die dag echt heel veel geluk.

*Jambo onderzoekt het kind.*

Colorado, V.S., 2006

# Een parkiet slaat alarm

Eerst een lesje dierlijke anatomie. Vogels missen de elastische mond, het strottenhoofd en stembanden die maken dat wij mensen erop los kunnen kletsen. In plaats daarvan hebben ze een speciaal orgaan, de syrinx (zoals onze strot) dat onder aan de luchtpijp in de borst zit. Als syrinxvliezen trillen, maken ze geluiden die via de keel opstijgen naar de bek. Dan gebruiken papegaaien, de praters in de vogelwereld, hun tong om er woorden mee te vormen. Vogels zoals gieren, die geen syrinx hebben, kunnen alleen sissen of brommen.

En wie moet er niet lachen om een papegaai die een kwinkslag nazegt, een roddel doorvertelt of de favoriete vloek van zijn eigenaar verraadt?

Een vogel met de naam Willie bracht dit talent echter op een nieuw niveau, dat toehoorders meer verbaasde dan vermaakte, toen hij de woorden uitstootte die een klein meisje het leven redden. Hij kent ook wat lelijke woorden, Voor alle duidelijkheid. Maar die hoef ik hier niet te herhalen.

Meagan Howard was die dag in 2006 aan het oppassen. Zij en haar vriendin Samantha Kuusk deelden als studenten een woning in Denver. Als Samantha 's morgens college had, paste Meagan altijd op haar tweejarige dochter Hannah. Een ander gezinslid was Meagans huisdier Willie, een monniksparkiet; deze soort is bijzonder intelligent en praatgraag en dol op grappen. Ook Willie was grappig en kon erg goed praten. Naast een paar weinig beschaafde woorden die hij had geleerd van Meagans vader, pikte hij een aardige vocabulaire op ('Silly Willie' was een favoriet). Ook kon hij goed geluiden nadoen: van katten, honden, kippen en kussende mensen. Daarnaast kon hij perfect de jingle van Andy Griffith fluiten.

Toen Samantha naar college was, kroop Hannah voor de tv om tekenfilms te kijken terwijl Meagan in de keuken haar lievelingsontbijt maakte, een Pop-Tart. Toen de broodrooster het gebak uitspuwde, legde Meagan het midden op de keukentafel om af te koelen. Ze keek even bij Hannah en toen ze zag dat die aan de tv gekluisterd zat, ging ze even vlug naar het toilet.

'Ik was misschien een halve minuut weg,' weet

## MONNIKS-PARKIETEN

Monniks- of muisparkieten kunnen zich goed aanpassen aan stedelijke gebieden. Als huisdier gehouden monniksparkieten die werden vrijgelaten of ontsnapten uit scheepskratten hebben zich zelfs in grote zwermen gevestigd in veel steden in de Verenigde Staten zoals New York City, Miami en Chicago.

*Meagan, Hannah en een afgeleide Willie.*

*Willie op zijn kooi.*

Meagan nog. 'En ineens hoorde ik de vogel.' Willie was 'helemaal dol en krijste als een gek.' Ze hoorde twee duidelijke woorden uit zijn snavel komen. *Mama. Baby.* Keer op keer herhaald. 'Mama! Baby! Mama! Baby!' Meagan rende naar de keuken en trof Hannah daar met een deels opgegeten Pop-Tart in haar hand. Ze hapte naar adem en haar gezicht en lippen waren griezelig blauw. En Willie bleef zijn refrein maar schreeuwen.

'Hannah was op een stoel geklommen, had de Pop-Tart gepakt en stikte er duidelijk in,' zegt Meagan. 'Ik greep haar en paste meteen de heimlichgreep toe tot het stukje eruit vloog.' De vogel kalmeerde en Meagan barstte van opluchting in tranen uit: Hannah was ongedeerd en lachte alweer, allerminst onder de indruk van de gebeurtenissen die haar oppas bijna een hartaanval hadden bezorgd.

Een paar minuten later kwam Samantha thuis. Daar trof ze haar snikkende vriendin en vrolijke dochter die rondrende alsof er niets aan de hand was. 'Meagan was heel stil toen ik binnenkwam. Ik vroeg wat er was,' vertelt Sam. 'Ten slotte zei ze dat Hannah haar een hartaanval had bezorgd en vertelde me het hele verhaal.'

'Ze was zo dankbaar voor wat ik had gedaan,' zegt Meagan, 'maar ik zei: je moet mij niet bedanken, maar Willie, hij was de held!'

Eenmaal over de schok heen stond Samantha versteld. 'Ik heb weleens verhalen gehoord over dieren die zoiets deden, maar dit is een vogel. Ik kon er niet bij. Hij deed altijd beschermend bij kinderen maar goddank kende hij de juiste woorden.'

Maar wat hen echt verbaast, zeggen de vrouwen, is dat Willie wel het woord 'mama' kende maar dat nog nooit had gecombineerd met 'baby'. En hij heeft dat daarna ook nooit meer gedaan. Zonder zijn alarmkreet, zegt Meagan, 'had ik niet geweten wat er aan de hand was. Het had heel slecht kunnen aflopen. Maar hij wist dat er iets mis was. Hannah was niet zoals anders aan het spelen en babbelen. Hij moet gevoeld hebben dat ze in gevaar was en dat iemand haar moest helpen.'

Samantha had altijd al een zwak voor de vogel van haar vriendin maar na het voorval 'werd dat steeds sterker. Ze was zo dankbaar,' zegt Meagan. 'Ik weet dat Willie altijd Sams held zal zijn en Samantha beaamt dat. Meagan voegt er bescheiden aan toe: 'Ik deed wat iedereen had gedaan, maar hij deed iets heel bijzonders.'

*De fortuinlijke hond.*

**MIDDLESBROUGH, ENGELAND, 2002**

# De zeehond *die de* hond *voor* verdrinken behoedde

HOE KAN DAT: EEN VERHAAL OVER EEN HOND EN EEN REDding waarin niet de hond de heldenrol speelt? Toch is het waar. Het is atypisch maar soms gaat zelfs een hond kopje onder en heeft hij hulp nodig.

Chris Hines en zijn zoon lieten hun twee honden uit langs een rivier in het Engelse Middlesbrough en liepen richting een brug. Ze volgden een voetpad langs het water toen Chris onder hen een eenzame hond zag onder aan het talud. Er was iets erg mis met hem. 'Ik kon zien dat hij doorweekt en gewond was,' vertelt hij. 'Hij had een groot gat in zijn kop! En hij was doodsbang.'

Chris droeg zijn aangelijnde honden over aan zijn zoon en zei dat hij om hulp moest roepen voor het geval de baas van de gewonde hond in de buurt in moeilijkheden was. Toen daalde hij af naar de waterkant en probeerde het angstige dier naar zich toe te lokken. Maar de hond deinsde in paniek terug, sprong in het water en begon als een dolle weg te zwemmen. Algauw had de rivier hem te pakken.

'Er staat in het midden een sterke stroming,' zegt Chris. 'De rivier mondt niet ver vandaar uit in de Noordzee en de hond werd in die richting gevoerd. Hij ging kopje onder. Hij zou het nooit redden.'

Toen dook als een duveltje uit een doosje een glad grijs hoofd op, niet ver van waar de hond vocht voor zijn leven. 'Ik dacht eerst dat het een duiker was,' zegt Chris, 'maar toen zag ik de grote ogen en besefte dat het een zeehond was. Zeehonden komen vaak de rivier op, jagend op zalm, dus had ik ze al eerder gezien. Maar deze deed iets totaal onverwachts.'

Voor de ogen van Chris zwom de zeehond naar de verdrinkende hond, dook onder hem en tilde hem op. Algauw bewoog de hond niet langer naar de riviermonding maar naar de oever aan de overkant, voortgeduwd door het dier onder hem. 'Ik geloofde mijn ogen niet,' zegt Chris. Toen de door de zeehond voortgeduwde hond de kant bereikte, probeerde hij op de oever te krabbelen. Na enige pogingen en wat duwtjes van de zeehond slaagde hij erin. Hij zat daar een poosje uitgeput zwaar te hijgen met hopelijk een nederig gevoel. De zeehond bleef in de buurt toekijken, zijn kop net boven water, en toen zag Chris vlakbij twee andere zeehonden die de hond ook observeerden. Ten slotte verdwenen de drie grijze koppen een voor een onder water en de zeehonden zwommen weg. Chris vertelt: 'Het hele voorval was schitterend om te zien!'

*Een zeehond die boven het water uit gluurde, zoals deze, zag de verdrinkende hond.*

Toen de hond de oever bereikte, was Mark Baxter, destijds brandweerman, bij de brug gearriveerd met andere reddingwerkers. Ook hij zag de hond uit de rivier komen, maar van dichterbij. In de herinnering van Mark hielpen die andere zeehonden in feite mee om de pup uit het water te duwen. ‘Eerst dacht ik dat ze hem aanvielen, maar dat was ver van de waarheid! Ze redden de hond

*Een zeehond kan bijna een halfuur onder water blijven.*

uit de rivier en het was duidelijk een doelbewuste actie. Het zijn intelligente dieren en ik denk dat ze de paniek van de hond aanvoelden.'

De bijna fatale zwempartij had waarschijnlijk elke vluchtreactie verlamd. De doorweekte hond bleef stil zitten toen Mark hem naderde en een arm om hem heen sloeg. Anderen wikkelden de hond in dekens en brachten hem naar een kliniek om zijn wond (oorzaak onbekend) te laten behandelen. Intussen verspreidde, zoals gewoonlijk, het bericht over de zeehond(en) die de hond hadden gered zich snel en het verhaal haalde weldra de voorpagina's.

Terwijl de hond werd verzorgd, zochten reddingswerkers het gebied af naar zijn baas. Ze wisten nu dat het een oudere man was en vreesden dat hij misschien in het water was gevallen. Voor de zekerheid werd ook een reddingsboot ingezet. Gelukkig bleek dat de man tijdens het hele avontuur thuis had zitten slapen. De hond was die ochtend in zijn eentje op stap gegaan, kennelijk op zoek naar avontuur. Waarschijnlijk niet zo een als hij had beleefd.

Hoe zit het nu met de held of helden van dit verhaal? De zeehonden van Newport Bridge bleven ongetwijfeld komen en gaan, maar hebben nooit roem en waardering opgeëist voor hun goede daad. En eerlijk gezegd is hun optreden volgens de regels van de natuur niet erg logisch. Waarom zouden wilde zeedieren een gedomesticeerd landdier willen helpen dat daar niets tegenover kon stellen? Was het gewoon een instinctieve reactie op een dier in nood?

Of was het heel misschien gewoon een daad van medeleven in een harde wereld? Laten we het daar maar op houden.

### GEWONE ZEEHOND

**Gewone zeehonden kunnen wel 90 meter diep duiken en bijna een halfuur onder water blijven. Ze kunnen zelfs onder water slapen. Het zenuwstelsel van een zeehond heeft een soort uitknop die voorkomt dat het dier op het verkeerde moment ademhaalt.**

GALLOWAY HILLS, SCHOTLAND, 2007

# De merrie *die de* gekke koe tegenhield

IN HET STADJE CASTLE DOUGLAS IN ZUIDWEST-SCHOTLAND woont Fiona Boyd met haar man en twee zoons op een zuivelboerderij. Fiona werkt op een school voor bijzonder onderwijs en begeleidt als vrijwilliger een groep gehandicapten bij het paardrijden. Paarden maken deel uit van haar leven sinds ze op negenjarige leeftijd begon te rijden.

'Vanaf de eerste keer dat ik op een pony zat, wist ik dat daar mijn passie lag,' vertelde ze me. 'Ik houd van hun geur, van het gehinnik waarmee ze je begroeten. En ik houd ervan hoe ze zachtjes terugblazen als je zacht in hun neus blaast.' Als kind maakte ze vaak lange tochten met haar dieren. Dan vertelde ze over haar dag waarop de dieren met hun oren draaiden alsof ze naar elk woord luisterden. 'Zelfs als ze zoals nu rustig grazen in de wei of dwaas rondgalopperen en met hun benen slaan, maken ze me gelukkig,' zegt ze. 'Het zijn geweldige vrienden.'

Fiona's liefde voor paarden zit duidelijk diep. Maar er is één dier in het bijzonder dat een blijvend plekje in haar hart heeft verworven.

Op een zomermiddag in 2007 stapte Fiona door de deur het warme gouden zonlicht in. Een van de koeien had net een kalf gekregen en Fiona moest moeder en kind naar een van de bijgebouwen brengen waar kalveren de eerste dagen verblijven. Er liepen zes koeien in de wei plus het kalf. Fiona liep, zonder acht te slaan op de grote dieren, regelrecht naar het kalf en spoorde het aan om naar de schuren te lopen.

Toen ging het mis. 'Het kalf begon om zijn moeder te loeien,' zegt Fiona, 'waarop alle dieren kwamen aanlopen om te kijken wat er aan de hand was.'

Mensen die niet met vee werken, denken misschien dat koeien passieve dieren zijn die stilstaan of hoogstens langzaam bewegen, terwijl ze herkauwen en hier en daar vlaaien deponeren. Ze lijken niet bijster geïnteresseerd in hun omgeving. En het willekeurige geloei boezemt ook niet bepaald ontzag in.

Koeien hebben echter ook een andere, heel beschermende kant. Om haar kalf te verdedigen kan een jonge moeder ineens agressief en gevaarlijk worden. En die kant van koe 62 (Fiona heeft zoveel koeien dat ze geen

## MOEDERKOEIEN

Koeien gaan langdurige vriendschappen aan. Ze hebben vaak boezemvriendinnen en raken van hun stuk als ze van elkaar worden gescheiden. Ook al leven ze in een kudde, een paar uur voor de geboorte zondert een moederkoe zich af om een zacht bed van gras te maken voor haar nieuwe kalf.

naam krijgen) kwam die zomermiddag voor de dag. De ene minuut liep Fiona naast het kalf en de volgende gaf een heel ongelukkige moeder haar een kopstoot in haar zij. Het dier raakte haar zo hard dat ze op de grond viel. 'Voor ik overeind kon komen,' vertelt Fiona, 'ging ze me met haar kop en poten te lijf. Ik was doodsbang dat de andere koeien zouden gaan meedoen, want dat zie je vaak bij deze dieren.' Fiona kon vanwaar ze lag het hek met schrikdraad zien en wist dat ze alleen daarachter veilig was.

Het zou echter niet eenvoudig zijn weg te komen. De woedende koe stond pal boven Fiona's lichaam, klaar en in staat de vrouw met haar volle gewicht te verpletteren. 'Ik rolde me op tot een bal en wachtte tot het voorbij zou zijn,' zegt Fiona. Ze wist dat de koe haar kon doden, maar wat kon ze uitrichten?

Toen dook Fiona's redder in nood op en wat een tragedie had kunnen worden, veranderde in een waar sprookje. Het was een prachtige kastanjebruine Arabier, een merrie met de naam Kerry, en toen Fiona het dier vlakbij hoorde hinniken en snuiven voelde ze hoop. 'Voor ik het wist dook ze op en sloeg met haar benen naar de koe!'

Fiona stond versteld. De vijftienjarige merrie bleef schoppen tot de koe wegrende 'en bleef bij me terwijl ik een paar meter voortkroop om achter dat hek te komen.' Toen Fiona eenmaal uit de gevarenzone tussen koe en kalf was, kalmeerde het paard en ging verder met grazen alsof ze niet net een mensenleven had gered.

Bloedend en met pijn in haar hele lijf, maar dankbaar dat het voorbij was, wurmde Fiona haar telefoon uit haar broekzak en belde haar man, die aan het werk was op een andere boerderij, zo'n 3 kilometer verderop.

Hij vloog naar de plek waar Fiona gewond op de grond zat, tilde haar op en bracht haar snel naar het ziekenhuis. Gelukkig had ze niets gebroken. Maar ze had in- en uitwendige kneuzingen en het voelde alsof haar rug verdraaid was en haar wervelkolom verschoven. Het duurde een poos voor ze weer goed kon lopen.

'Ik had beter moeten opletten wat ik deed,' zegt Fiona nu, 'en niet tussen moeder en kalf moeten gaan staan. De koe beschermde gewoon haar jong, dat valt haar niet te verwijten.' Maar na dit voorval, kwam Kerry zodra Fiona of haar zoons die wei in gingen, altijd in galop naar hen toe en ging als een lijfwacht naast hen lopen. 'De koeien waren doodsbang voor haar,' zegt Fiona. 'Ik denk dat ze dat best fijn vond.'

Wat Kerry's heldendaad betreft: Fiona zegt dat ze altijd al geloofde dat als je van je dieren houdt en goed voor ze bent, ze jou op hun beurt liefde schenken en beschermen. 'Volgens mij heeft Kerry bewezen dat dat klopt.'

*Een moeder redt haar jong uit een modderpoel.*

WEST-BENGALEN, INDIA, 2014

# De verbluffende barmhartigheid van een olifant

ALS IK UIT ALLE DIERSOORTEN EEN MOEDER KON KIEZEN, zou dat een olifant zijn. Ten eerste, welke ouder is er nu zo heerlijk vreemd als deze voortsukkelende reuzin in haar gekreukte grijze jas, een moeder die mijn nek zou besnuffelen met haar tekenfilmsnuit (die wel honderdduizend spieren bevat)? En ik zou vast naar hartenlust in de modder mogen spelen.

Belangrijker nog, geen dier is waarschijnlijk meer toegewijd aan haar jong, daadkrachtiger als ik vastzat in de rivier of werd belaagd door een hongerige leeuwin. Voor zover ik olifanten ken, spelen de volwassen wijfjes regelmatig een heldenrol. De matriarch, de aanvoerster in een olifantenkudde, is leidster, beschermster en vaak redster in nood.

De foto's op deze twee bladzijden tonen moederolifanten die

*Een andere moeder beschermt haar jong tegen hyena's.*

instinctief heldendaden verrichten om hun familie te beschermen, ongeacht het gevaar. In Botswana ging een wijfje te keer tegen een troep van achttien hyena's die haar kalf aanviel. Volgens getuigen gilde en schopte ze met flapperend oren stof naar de aanvallers tot die ineengekrompen en vernederd de benen namen. Dankzij de felle actie van zijn moeder bracht het kalf het eraf met alleen een gekortwiekte staart.

En in een wildreservaat in het Spaanse Cantabrië werd een moederolifant gefilmd terwijl ze haar jong oppakte uit een modderpoel die het kalf onder dreigde te zuigen. Het was waarschijnlijk niet de eerste keer dat ze hem moest redden. Snelle stroomversnellingen belagen jonge dieren en mensen hebben gezien hoe moederolifanten de jongen op de kant duwden. Soms snellen andere wijfjes toe om te helpen, vooral als de moeder onervaren en in paniek is; ze steken hun eigen slurf uit naar het kleintje als de olifantenversie van helpende handen.

Maar hoe heldhaftig ze als ouders ook mogen zijn, olifanten (vooral mannetjes) hebben ook een andere kant. Waar mensen en olifanten een leefgebied delen, richten de dieren veel schade aan:

ze verwoesten oogsten en bouwsels waarbij ze met hun stampende poten en zwaaiende slurf mensen van hun inkomstenbron beroven. Natuurlijk hebben olifanten land en voedsel nodig om te overleven, maar mensen ook. En waar dorpelingen bomen rooien en migratieroutes van olifanten blokkeren, ontstaat een patstelling die zelden goed afloopt. Nu en dan worden mensen verwond of zelfs gedood.

*Dit is vermoedelijk de olifant die van gedachte veranderde.*

Dus was het een wonder en troost te horen hoe een recente slooppartij door een probleemolifant van een huis in India eindigde in een gebaar dat het leven van een kind redde.

Het verhaal gaat als volgt. In het dorp Olgara in West-Bengalen, waar de god Ganesha met de olifantenkop wordt vereerd, denderde een solitaire bosolifant dwars door een deur en de muur van een huis. Dezelfde olifant had al eerder de schuld gekregen van andere slooppartijen en zelfs sterfgevallen in het gebied. Het slappe bouwsel was niet bestand tegen het enorme dier en de brokstukken vlogen in het rond.

Toen klonk er echter een geluid dat alles veranderde. De olifant stond ineens boven het bed van een huilend kind en staakte zijn verwoestende aanval. Om de een of andere reden koos hij er niet voor de baby te negeren of opzij te maaien of aan het gehuil te ontkomen door weg te rennen. Nee, hij strekte zijn slurf uit en begon puin van het bedje te pakken en alle rommel rondom het meisje weg te halen.

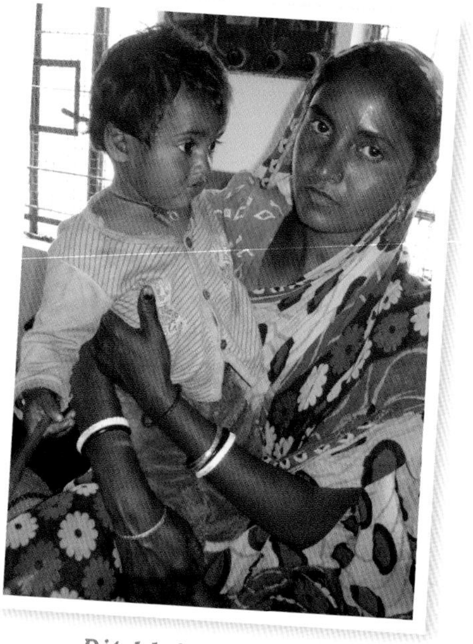
*Dit kleine meisje is een bofkont.*

Op het horen van alle commotie snelden haar ouders te hulp. Tot hun stomme verbazing zagen ze deze plotseling bedachtzame, zelfs tedere daad van een dier dat kort daarvoor nog op verwoesting uit leek. Het was alsof een empathieknop in het olifantenbrein was omgezet, misschien door het horen van de angstkreten van het meisje. Het is namelijk bekend dat olifanten op klagende klanken van kuddegenoten reageren met strelingen en kalmerend getjirp en gebrom. Voor de ouders van het kind was het een regelrecht wonder. En dat werd gevolgd door een tweede: de olifant draaide zich om en liep zonder verder gedoe terug naar het bos.

Waarschijnlijk was de sloper/held een mannetje dat het dorp afstroopte op zoek naar voedsel, wat wel vaker voorkomt in landelijke gebieden aan bosranden. Olifantenwijfjes blijven levenslang bij de kudde terwijl mannetjes na hun puberteit alleen gaan rondtrekken. Een solitair dier zal dus meestal een 'hij' en geen 'zij' zijn.

Let wel, al prijs ik de goede daad van deze olifant, de schade die hij aanrichtte, de angst die de dorpelingen voelen voor deze wilde dieren en de tragische afloop van soortelijke ontmoetingen wil ik niet bagatelliseren. Het is een triest feit dat mensen en olifanten in sommige streken vijanden zijn geworden, domweg omdat beide soorten worstelen om te overleven.

Dus als er een drama dreigt dat zich niet voltrekt en als een dier compassie toont waar dat niet eerder mogelijk leek, geeft dat hoop. Het leidt geen twijfel dat er schade werd berokkend (hoewel het vallende puin het meisje gelukkig niet ernstig verwondde). Maar toch is de olifant die de schade aanrichtte in elk geval voor één moeder en vader ook een held. Het is passend voor dit verhaal dat hindoes hun godin met de olifantenkop beschrijven als een verwoester van obstakels en een godin van het geluk en van het 'bereiden van de weg'.

### GROTE PRATERS

**Olifanten praten voor ze op reis gaan. Het lage, zachte gebrom van een matriarch leidt een 'gesprek' in onder de dieren voor ze vertrekken. Hun diepste geluiden, op erg lage frequenties, gaan als trillingen door de grond zodat van ver informatie kan worden doorgegeven.**

***De kater met moedergevoelens.***

Oklahoma, V.S., 2013

# De mannelijke moederpoes

Laten we even stilstaan bij de kater. Niet de geeuwende dikzak die languit en met gekruiste poten op de bank ligt. Ik heb het over het verwilderde scharminkel, de magere straatkat die moord en brand schreeuwt als hij een partner zoekt of zangvogels belaagt. Dit is de kat die het liefst uit je buurt blijft en zou krabben en bijten als je hem te pakken kreeg. Lukt dat je toch, laat hem dan alsjeblieft castreren.

Bij wilde katers is het meestal ieder voor zich, de sterkste wint. Het leven zonder warm mandje en dagelijks een bakje brokjes kan hard zijn en verwilderde katten hebben weinig tijd voor affectie, noch om te geven, noch om te ontvangen. Heb je geen stukje vlees bij je, dan lijkt dat lange, lage gegrom te zeggen: wegwezen.

En toch gebeurde het volgende.

Volgens Sabrina Cantrell begon alles toen de lucht ineens dreigend blauw werd. Er kwam een vliegende, alles verwoestende storm aan. Veel mensen hadden het gebied verlaten, maar enkelen bleven achter in het dierenasiel om alles voor te bereiden op de stortvloed aan katten en honden (en andere dieren) die weldra hun hulp nodig zouden hebben.

De storm barstte los en zoals voorspeld was het een zware. Hij maakte huizen en gebouwen met de grond gelijk. De inktzwarte lucht markeerde de route van de tornado die met geweld over het land trok.

Met haar voeten nog op de grond wachtte Sabrina op het telefoontje dat zou laten weten hoe ze kon helpen. Ze is zowel verpleegster als dierenartsassistente, dus kan ze elk levend wezen behandelen dat haar nodig heeft. Nu zouden dat dieren zijn. Ze ging naar de quarantaineafdeling van de Humane Society waar zij en andere stafleden de gewonden zouden onderzoeken en mogelijk redden. 'Ik wist dat we een lange nacht voor de boeg hadden,' zegt ze.

Ze kreeg gelijk. Eerst kwamen de paarden. Een enorme boerderij had de volle laag gekregen en sommige dieren waren zo zwaargewond dat ze moesten worden ingeslapen. Toen volgde het bericht dat een lading gewonde honden en katten in aantocht was. Eerst waren het vooral honden. Toen volgde een stroom zwaar gehavende katten.

'Dieren zoals honden en katten proberen meestal te schuilen als ze een storm voelen naderen,' legt Sabrina uit, 'maar dat werkt soms averechts. De schuilplaats kan instorten of worden weggeblazen en vooral katten kunnen door de wind kilometers ver worden meegevoerd.' De overlevenden lopen snijwonden, gebroken botten en diepe wonden op door rondvliegend puin. 'Ook zijn ze doodsbang en worden agressief als we ze proberen te helpen.'

Natuurlijk proberen ze toch te helpen en veel dieren werden die eerste dagen gered. Het werd wat kalmer, maar toen kreeg Sabrina een telefoontje: er was nog een getroffen kat onderweg. Een team dat naar levende wezens zocht onder een ingestort gebouw had hem tussen het puin gevonden. Toen de reistas binnenkwam, ritste Sabrina hem open en keek erin. Ogen als schoteltjes zaten in een diertje dat zo vol aangekoekte modder zat dat de soort moeilijk viel te onderscheiden. 'We legden eerst warme handdoeken in de tas zodat het natte, koude dier het wat comfortabeler had,' vertelt ze. 'Maar we moesten het vocht toedienen en nader onderzoeken.'

### KATTEN OP JACHT

**Hoewel de kater in ons verhaal ons verbaasde door zijn zorg voor een ander, kunnen zowel wilde als huiskatten in de natuur vreselijk huishouden. Als katten buiten rondzwerven betalen wilde dieren de tol. In totaal doden katten per jaar tussen de 1,3 en 4 miljard vogels en zo'n 10 tot 20 miljard zoogdieren zoals eekhoorns en muizen.**

Het was moeilijk te zien wat er onder de modder zat. Er waren diverse vrijwilligers nodig om het doodsbange dier uit de tas te halen, vast te houden en te onderzoeken. 'We maakten zijn ogen en oren schoon die vol modder zaten en tastten het lijf af.' Er leek iets in vast te zitten, maar wat? 'Het dier had een vreemde vorm, er was iets met zijn borst.' Sabrina tilde de vuile voorpoot van de kat op en toen draaide zich daar ineens een soort mini-alien, 'een piepklein kopje naar me om en keek me aan! Het duurde even voor ik besefte dat het een kitten was.' Sabrina nam toen aan dat ze te maken had met een moeder met een jong.

'Ik wilde de kitten niet van haar af trekken voor het geval hij gewond was, dus maakten we ze samen schoon,' zegt Sabrina. Maar toen het jong kennelijk zonder pijn begon te wriemelen, moesten de twee worden gescheiden voor verdere behandeling. 'Ik greep de baby, maar de moeder klemde haar poten nog steviger om het jong, dat hoogstens een paar weken oud was.' Toen ze de kitten eindelijk hadden los gekregen 'krabde en sloeg de volwassen kat naar ons om hem terug te krijgen.' Dat doen moeders nu eenmaal als ze denken dat hun baby in gevaar is.

Even later was er nog een verrassing. Het jong was nu schoon en droog en verbazend genoeg ongedeerd. Toen Sabrina de moeder ging onderzoeken (evenmin gewond), stond de oudere kat rechtop. En toen zag Sabrina ze: testikels.

'Een niet-gecastreerde kater! Ik geloofde mijn ogen niet,' zegt ze. 'Dit was de moeder niet en waarschijnlijk ook niet de vader.' Een wilde kater zal een jong eerder doden dan beschermen, vertelt ze. 'Ik wist niet of ik ze moest herenigen want dit was heel onnatuurlijk. Waarom zorgde deze kater voor deze kitten? Maar ik besloot het erop te wagen en de twee weer even bij elkaar te zetten.'

Dat deed ze en de dieren kropen direct tegen elkaar aan, zonder enig teken van verwarring of agressie. Net als een kitten en zijn moeder.

Maar hoe lief de kater ook was voor de kitten, zijn agressie jegens zijn verzorgers nam toe. Het zou waarschijnlijk steeds moeilijker worden hem te hanteren dus ze moest de kitten weghalen nu dat nog kon. 'We zetten hem in zijn eigen hokje met warmte-elementen en een knuffel en al gauw lag de kitten te slapen bij de beer op schoot. Als een dier kan slapen voelt het zich veilig en bij deze aanblik sprongen me de tranen in de ogen.'

De kitten valt, eindelijk veilig, in slaap.

De herstelde kater werd geplaatst op een boerderij, waar katten in een schuur (met eten en water) wonen en vrij mogen rondzwerven. Na veel zorg vond ook de kitten een nieuw thuis bij een vrouw die ook een hond opnam die na de storm was gered.

Het is een happy end, maar Sabrina denkt nog steeds na over het vreemde gedrag van de wilde kater. 'Wie zou hebben gedacht dat de beschermende poten van een wilde kater het leven van dit nietige diertje zouden redden? Hij had het kunnen doden. Dat zou je verwachten. Maar in plaats daarvan redde hij het als een echte held. Dat is iets heel moois.'

*Zonder Yoda (boven) en Coco (rechts) had hun baasje haar brandende huis misschien niet kunnen ontvluchten.*

Kansas, V.S., 2012

# Twee honden tegen *de* vlammen

Het was al een vreselijke dag voor Christy Bogner. Ze had 's middags een telefoontje gekregen dat haar oma was overleden en de hele avond gehuild. Het was het soort huilen dat je volledig uitput. Het enige positieve is dat je naderhand in een diepe slaap valt. Dat overkwam ook Christy.

Behalve haar twee honden en een buitenkat die soms binnenkwam, was Christy die zondagnacht alleen thuis. Het geluk wilde dat haar beide dochtertjes op een slaapfeestje waren. Tegen bedtijd lag Coco, Christy's Yorkshireterriër, opgekruld op haar kussen. Haar bastaardhondje Yoda, zo genoemd wegens zijn opstaande oren die het gezin deden denken aan die Star Wars-figuur, lag onder de dekens bij haar voeten waar hij altijd sliep. De slaapkamerdeur was dicht.

Om circa 4 uur 's ochtends begon Coco te blaffen en Christy's gezicht te likken. Die nam aan dat ze eruit wilde en zei slaapdronken dat ze nog een paar uur wilde slapen. Ze begon weer weg te dommelen, maar het blaffen hield aan. Toen begon Coco aan de dekens te klauwen om Christy uit haar warme cocon te krijgen.

'Ten slotte was ik zover wakker dat ik doorkreeg wat er aan de hand was,' zegt Christy. 'Ik zag een mist van rook, dus sprong op en deed de deur open. Het vuur was al halverwege de trap.' De 19de-eeuwse boerderij (die Christy in vijf jaar had opgeknapt) had een hoofdtrap voor en een oude 'dienstbodetrap' achter. Ze besefte dat ze alleen via de achterkant naar buiten kon. Coco bleef al blaffend heen en weer lopen bij de deur waaraan al vlammen likten. 'Ik greep Yoda van het bed. Hij was erg bang en verzette zich. Ik riep dat Coco moest volgen toen ik naar de achtertrap wankelde. Maar Coco volgde niet.'

Bij dit deel van het verhaal schiet Christy vol (net als veel lezers, vermoed ik). 'Coco volgde niet,' herhaalt ze. 'Ze rende luid blaffend recht op de vlammen af. Ik probeerde haar te grijpen maar dat lukte niet. Ze ging maar door, alsof ze het vuur zelf kon bestrijden.' Coco's kreten klinken Christy nog in de oren.

Toen raakte Christy door alle rook buiten adem en viel van de achtertrap. Toen ze ineenzakte sprong Yoda uit haar armen en rende terug de slaapkamer in om zijn makker te halen. 'Hij zal niet ver gekomen zijn,' zegt Christy. 'Zijn longetjes konden het niet aan.' Ook hij viel ten prooi aan het vuur.

Intussen wist Christy op de tast via de achterdeur buiten te komen. 'Tegen de tijd dat ik buiten kwam, stond mijn slaapkamer in lichterlaaie en stortte de voorste helft van het huis in.' Ze woonde in een landelijk gebied met alleen een ouder echtpaar als buren. Gelukkig had Christy de sleutels in haar auto laten zitten dus reed ze naar hun huis, maar daar deed niemand open. 'Ik moest naar de stad rijden om hulp te vragen. Dat was ruim een halfuur. Toen ik terugkwam, was er niets van het huis over.'

Christy lag enkele dagen in het ziekenhuis om te herstellen van brandwonden in haar longen en keel. Maar ze leefde nog. Ze is er echter stellig van overtuigd dat ze dood was gegaan als Coco er niet was geweest. 'Ik had er absoluut niet uit kunnen komen als Coco me niet wakker had gemaakt. Ik was zo diep in slaap, zo uitgeput. Haar aandringen kreeg me uit bed. En redde mijn leven.'

Het herstel is voor Christy moeizaam geweest, geestelijk nog meer dan fysiek. Vooral het verlies van de honden deed veel pijn. Ze vertelt hoe speciaal de twee voor haar waren. 'We kregen Coco toen mijn dochter acht werd. We kwamen de fokker tegen in een pizzeria en bespraken ter plekke de laatste puppy in het nest!' En Yoda kwam van een goede vriend wiens hond pups had gekregen, dus hij was direct een bijzonder gezinslid.

Coco was de beschermster in huis. Iedere nieuwe bezoeker inspecteerde ze grondig en ze hield Christy's dochters in de gaten (en waarschuwde Christy met drie blaffen als de meiden na bedtijd naar beneden slopen!). Ook Yoda bemoederde Coco 'als een gek,' zegt ze. 'Ze waren heel grappig en stimuleerden elkaar echt als ze op de boerderij rondrenden en speelden.' Coco zat vaak rondzwevende pluizen achterna: 'Dan sprong ze ineens omhoog en hapte in de lucht!' En

Coco: 'de beschermengel'

Yoda's oren deden de familie denken aan het Star Wars-karakter.

Yoda was dol op dansen: als iemand het woord 'dans' zei, ging hij op zijn achterpoten staan. 'We missen de honden enorm,' zegt Christy.

De oorzaak van de brand blijft een frustrerend raadsel. Maar Christy en de meisjes krijgen hun leven weer op de rails. Gelukkig horen daar ook twee nieuwe gezinsleden bij. De moeder van Yoda, de hond van haar vriend, had weer een nest en Christy en haar dochters zochten twee pups uit. 'Oprah en Gizmo!' zegt Christy. 'En het verbazende is dat ze zo lijken op Coco en Yoda. Oprah ziet er net zo uit als Coco en is erg aanhankelijk, wil constant bij je zijn. Gizmo heeft Yoda-oren en slaapt onder de dekens bij mijn voeten, net als Yoda deed. Het is bijna griezelig hoe ze op elkaar lijken.'

Natuurlijk zijn het geen surrogaten. 'Deze ventjes zijn er nu om ons verder te helpen,' zegt Christy. Maar het gezin zal het oorspronkelijke paar nooit vergeten, de grappige kleine Yoda en de dappere Coco met haar levensreddende geblaf, haar resolute weigering op te geven toen een brand haar dierbaren bedreigde.

IDAHO, V.S., 2014

# De goede daad *van de* vriendelijke eland

DIT VERHAAL GAAT OVER EEN WEL HEEL ONWAARSCHIJN-lijk paar dieren.

Dit is wat er gebeurde in een dierentuin in Idaho. Er is daar een groot grasland van circa 2 hectare waar allerlei dieren vreedzaam bij elkaar leven: bizons, elanden, antilopen en wilde ganzen. Er zitten ook soort marmotten (in feite een groot eekhoornras) die zich maar al te graag te goed doen aan de dagelijkse maaltijden en tevreden leven tussen dieren die hen niet als prooi zien. Ze moeten wel oppassen voor stampende hoeven als ze rondscharrelen, maar meestal gebeurt ze niets.

Er is alleen één ding: net als andere zoogdieren hebben marmotten lucht nodig om te ademen. Onder water gaat dat niet. En af en toe valt er een in een waterbak als hij wil drinken. Staat het water laag, dan kan de marmot niet altijd tegen de rand van de bak klimmen om eruit te komen. Dat is voor die marmot dan een slechte dag. Zijn laatste, om precies te zijn.

Maar één marmot die onbedoeld ging zwemmen trof een wel heel bijzondere redder.

Gepensioneerd dierenarts Joy Fox werkte vier jaar als vrijwilliger bij de dierentuin. In die tijd waren zij en een medewerkster eens na werktijd op een doordeweekse dag in het educatiegebouw, dat grote ramen heeft die uitkijken op het grasland. Ineens zagen ze dat eland Shooter, destijds de enige mannetjeseland in de dierentuin, zich heel vreemd gedroeg. 'Hij liep heen en weer bij de drinkbak, ging er dan naartoe en stak zijn poot erin, klauwde in het water,' vertelt ze. 'We hadden geen idee wat hij deed, maar het was een heel grappig gezicht. Het was warm weer, dus dachten we dat hij gewoon speels wat rondspetterde. Ik pakte mijn camera en nam wat foto's.'

Toen gebeurde het. 'Hij stelde zich steeds anders op, in een poging zijn snuit in de bak te steken zonder dat zijn gewei hem in de weg zat. Toen gooide hij ineens zijn kop naar achteren en we konden zien dat hij iets in zijn bek had. Het was een marmot!' Hij had die in feite bij zijn kop gepakt, zegt ze, maar verrassend voorzichtig, meer met zijn lippen dan met zijn tanden.

Voor de ogen van de twee vrouwen, die nu buiten

*Shooter tilt de verdrinkende marmot uit de waterbak.*

*Hoe red je een marmot in vijf stappen.*

waren om het beter te zien, liet Shooter het dier op de grond ploffen en stond erboven te kijken en te snuffelen; hij duwde er zacht tegen met zijn hoef, misschien op zoek naar een teken van leven. De marmot, die eruitzag als een verzopen rat, lag even stil, versuft door de beproeving. Toen werd hij ineens wakker, besefte dat hij onbeschut voor een reus lag en schoot onder de drinkbak. Daar kwam hij een beetje bij voor hij over het veld wegrende, wellicht wat nederig geworden door zijn onbedoelde bad en het contact met de lippen van een eland.

Niemand weet of de eland dat ding gewoon uit zijn drinkbak wilde hebben zodat hij rustig kon drinken, of echt besefte dat het een dier in nood was. Shooter was toen circa vier jaar oud (jong voor een eland) en hoewel sommige medewerkers bang voor hem waren vanwege zijn formaat en vervaarlijke gewei, was hij altijd 'een beetje een dwaas' in de wei, zegt Joy. 'Hij was altijd met iets aan het spelen of kwam bij het hek aandacht vragen.' Maar zijn optreden bij de drinkbak was geen spel. Hij maakte van de marmot geen speeltje en schopte er niet tegen toen hij op de grond lag. Hij was nieuwsgierig, maar voorzichtig. 'Ik denk dat hij voelde dat het dier in shock was. Hij haalde het duidelijk doelbewust uit het water,' zegt ze. 'Hij had erop kunnen stampen of het kunnen bijten, maar dat deed hij niet. Hij was er duidelijk niet op uit het pijn te doen.'

'Hij was zo lang bezig om de juiste positie te vinden om zijn kop in de bak te kunnen steken en de marmot te redden; we geloofden onze ogen niet,' zegt ze.

Medewerkers van de zoo hebben daarna betonblokken onder in de waterbakken gelegd om gevallen marmotten een kans te bieden te ontsnappen. Maar Joy zal nooit vergeten hoe de grote eland zijn gehoornde kop naar alle kanten draaide om te proberen dat verdrinkende diertje te grijpen voor het te laat was. 'Het was boeiend en grappig, een uniek moment, en ik ben erg blij dat we er getuige van waren,' zegt ze.

Ik ben zelf ook blij. Want als niemand het tafereel had gezien, wie had dan ooit een eland kunnen verdenken van empathie?

### ELANDLIEFDE

**In het paarseizoen (de bronst) rollen elandstieren door de modder. Hierdoor worden ze om de een of andere reden imposanter en aantrekkelijker voor de wijfjes, die houden van de geur.**

Californië, V.S., 2011

# De dappere kleine lama

Bruce Schumacher weet hoe verlies voelt. Terwijl de man twee jaar geleden bij de tandarts was, gingen een paar kilometer verderop zijn huis, voertuigen en schuur in vlammen op en daarmee zijn verleden, heden en de toekomst die hij voor ogen had. Een vuur dat vanaf een nabijgelegen snelweg was aangestoken raasde over zijn 4 hectare land en tegen de tijd dat hij ingelicht en ter plekke was, had het vuur alles verwoest wat Bruce bezat. (In totaal ging ruim 400 hectare verloren door deze wandaad van een brandstichter).

Bruce woonde al 32 jaar op zijn grond in Zuid-Californië, nabij de top van de Cajon Pass. De 68-jarige man maakte lange dagen als psychiatrisch verpleegkundige in een tbs-kliniek. Daarnaast, en dat beviel hem beter, verzorgde hij zijn vele boerderijdieren. Hoewel het

*Bruce en Little Man.*

verlies van zijn huis en veel van zijn bezittingen een ramp was, was de dood van veel van zijn dieren bijna ondraaglijk. Bruce was al zijn hele leven dol op dieren en had regelmatig verschoppelingen gered, waaronder een schaap dat was toegetakeld door wilde honden en een haan met een houten poot.

Uiteindelijk was het aantal slachtoffers dramatisch. Geiten, alpaca's, kippen, duiven, ganzen, konijnen, honden, een jonge ooi en een ezel en haar jong kwamen om in het vuur. Maar waar een brand is, vind je bijna altijd ook een held; dit kan een buurman zijn die roept dat er een baby in huis is of de brandweerman die een huisdier redt uit een kamer vol vlammen. In dit geval liep de held niet op twee benen maar op vier poten en zijn optreden redde niet één, maar dertig levende wezens.

Little Man was een bijna witte lama met reebruine ogen. Hij behoorde eerst toe aan de tengere Nancy, een oude vriendin van Bruce, maar hij was in haar nabijheid wat agressief geworden, zoals bij lamamannetjes wel vaker gebeurt. 'Voor haar veiligheid en omdat ze wist dat ik belangstelling had voor lama's bood ze hem mij aan,' zegt Bruce. Het dier was hier eerst niet voor in: 'Hij wilde echt bij Nancy blijven. Zij had hem liefdevol grootgebracht.' Maar uiteindelijk deed Little Man zijn intrede in Bruces menagerie. (Overigens had de lama iets met blondines. Altijd als Nancy langskwam, vertelde Bruce, 'liet hij zijn lamaroep horen en probeerde haar haren te likken. Hij was dol op haar blonde krullen!')

*Little Man leidde de kudde naar veiligheid.*

Toen Little Man ouder werd, bleek hij voor Bruce een grote vriend die bovendien zijn schapen beschermde. Voor de lama kwam, vertelt Bruce, 'waren de kudden kwetsbaar. Ik was in één jaar al 38 schapen kwijtgeraakt aan coyotes. Er zwierven ook een bergleeuw en rode lynxen rond.' Met Little Man als wachtpost 'verloor ik geen enkel schaap meer aan wilde roofdieren,' zegt Bruce vol verwondering.

Telkens als een van zijn ooien aan het werpen was, vertelt Bruce, vormden de andere schapen een kring om haar heen met hun kop naar buiten gekeerd om de nieuwe moeder en haar lam te beschermen tegen roofdieren. 'Ik zag dat Little Man dat ook deed en over de moeder ging staan om haar te beschermen. En hij bleef stil liggen terwijl lammeren over hem heen liepen en speels aan zijn wol

### ZWAARBELADEN LAMAS

Lama's zijn robuuste lastdieren en lang als zodanig gebruikt. Maar ze kennen beperkingen. Een lama kan 30 km afleggen met ruim 30 kg op zijn rug, maar een te zwaar beladen dier kan gaan liggen en net zolang spugen, sissen en schoppen tot iemand de last vermindert.

trokken. Hij was ook een soort ouder voor ze.' Als een roofdier in de buurt was, ging Little Man naar het hek en maakte een dreigend klikgeluid terwijl hij op en neer liep tot 'het gevaar was geweken.'

Op de dag van de ramp zat Bruce in die tandartsstoel toen hij hoorde dat er in zijn deel van de stad een brand woedde. Hij wilde naar huis, maar om inwoners en voetgangers te beschermen had de brandweer de weg naar zijn wijk geblokkeerd. Hij wist dat zijn boerderij in gevaar was, maar kon niets doen.

Toen Bruce eindelijk naar huis mocht, was er van zijn huis en schuur alleen as over. Maar hij zag ook iets geweldigs. Als door een wonder stonden er dertig ongedeerde schapen. De hele kudde, minus één lam dat ervandoor was gegaan, was nog in leven. En bij hen was hun redder, Little Man.

'Hij lag op de grond, zoals lama's doen. Hij leefde, maar zijn ogen waren dichtgebrand en zijn wol was geschroeid.' In feite had Little Mans vacht gefungeerd als isolatie en de verwondingen beperkt. De kudde stond op een kluitje achter hem, weg van de plaats van het vuur. 'Hij had ze duidelijk naar een plaats gebracht die hij veilig achtte. En daardoor waren ze allemaal nog in leven.'

Little Man zelf was er slecht aan toe, want hij had zichzelf tussen de schapen en de vlammen geplaatst en ze zo in veiligheid gebracht. Toen hij het dier zag, vertelt Bruce, 'boog ik me over hem heen en huilde. Mijn hart zei me wat hij voor de anderen had gedaan. Ik zei alleen maar o, Little Man, het komt goed ... maar ik wist dat hij pijn leed.' De dierenarts dacht dat de lama een kans maakte en de plaatselijke Llama Rescue Club stuurde leden om te helpen.

Helaas kon niets de lama meer redden. De rook die hij had ingeademd had zijn longen beschadigd en een week later overleed Little Man.

De ramp was voor Bruce hard aangekomen en hij heeft het nog steeds moeilijk. Naast de schapen zijn ook sommige andere dieren hersteld en daarvoor is hij dankbaar. Maar zijn verdriet om de slachtoffers drukt zwaar op zijn gemoed. Natuurlijk denkt hij vooral aan Little Man, die zijn eigen pijn en angst opzijzette om de dieren onder zijn hoede te beschermen. 'Ik weet dat lama's toegewijd zijn, maar welk ander dier zou in zo'n crisissituatie hebben volgehouden?' vraagt Bruce zich af. 'Waarom probeerde hij niet gewoon zichzelf te redden toen hij eenmaal gewond was?'

Bruce weet zelf het antwoord. 'Omdat hij bijzonder was. Hij verrichtte een wonder uit pure toewijding. Hij gaf zijn leven voor die schapen. Dat doet alleen een echte held.'

Koe 569:
een humeurige held.

WOODVILLE, NIEUW-ZEELAND, 2004

# De moedige koe

SOMMIGEN NOEMEN HET DE ZOMER DIE NOOIT KWAM. ALthans in Nieuw-Zeeland. Het was februari 2004, normaal een warme droge tijd op het Noordereiland. Maar dat jaar veranderden stortregens en vliegende stormen open terrein in enorme moddermeren. De rivier de Manawatu, die 170 kilometer door het zuiden van Centraal-Noordereiland kronkelt, steeg circa 15 meter tot de hoogste stand sinds 1902. Honderden mensen trokken naar hogergelegen gebied. Maar sommigen trotseerden het noodweer.

'Jemig!' zegt melkveehouder Kim Riley die de kracht van de stormen echt voelde. 'Dat was me een zondvloed!'

Destijds dreven Kim en haar gezin een grote zuivelboerderij op een uiterwaard bij de Manawatu, ruim een hectare met zoveel koeien dat ze, als je ze neus aan staart zou kunnen opstapelen, hoger zouden reiken dan de hoogte waarop een lijnvliegtuig vliegt.

Als je zoveel koeien hebt, vertelde Kim, loont het de moeite niet ze een echte naam te geven. Daarom krijgen ze simpelweg een nummer, duidelijk zichtbaar op hun oormerk. Dit verhaal gaat over koe 569, een koppige en niet bijster vriendelijke dame die tegen wil en dank een heldin werd. Maar ze was er wel een.

Melkveehouders staan voor dag en dauw op en die bewuste dag was Kim om 4 uur uit bed om te gaan melken. Het is een hele onderneming alle koeien vanuit de wei naar de melkstal te drijven en ze te melken, schoon te maken en naar een nieuwe wei te brengen. Alle negenhonderd koeien worden tweemaal per dag gemolken dus het hele karwei wordt ’s middags nog eens overgedaan.

De vorige nacht had het hard geregend, maar toch verbaasde het Kim wat ze aantrof. ‘Ik zag de koeien tot hun knieën in het water staan. Ik moest ze verplaatsen maar in het donker raakten ze in paniek en begonnen te rennen,’ zegt ze. ‘Ik probeerde ze af te snijden maar ineens had ik tot mijn schrik geen vaste grond onder mijn voeten!’ Kim en zo’n driehonderd koeien dreven samen in warm, stinkend, modderig water. De meeste mensen zouden dan toch wel in paniek zijn geraakt, maar Kim bleef heel kalm. Ze dacht niet zozeer aan het gevaar maar was vooral bang dat ze te laat zou zijn voor het melken.

Kim probeerde te zwemmen, maar haar laarzen, beenkappen en jas liepen vol water zodat ze niet ver kwam. Terwijl ze worstelde om de kleding uit te trekken, hoorde ze koeien in nood loeien, op zoek naar elkaar. In hun haast weer op land te komen ‘zwommen

*Kim met haar heldin.*

koeien recht over me heen. Ze zwemmen als honden, heel krachtig. Ik was gewoon iets wat in de weg lag en waar ze overheen moesten.'

Heen en weer geduwd en gekneusd bleef Kim tegen de stroom op tornen. Ze wist dat het water diep was; haar voeten raakten het prikkeldraad dat boven op het hek rond de boerderij zit. Gelukkig 'was de stroming niet echt sterk. Het water klotste gewoon wat rond.' Toch leek ze niet vooruit te komen. Ze zat vast. En omdat ze al veertig minuten bezig was, werd ze moe.

Toen zag ze koe 569. 'Ze had zich van wat andere koeien losgemaakt en was al puffend hard aan het zwemmen. Ze kwam recht op me af!' Kim besefte dat dit haar kans kon zijn om aan land te komen. Dus terwijl het dier voor haar langs zwom 'gooide ik me op haar nek en klemde me er stevig aan vast. Als jij hieruit weet te

Er is zelfs een kinderboek geschreven over koe 569.

komen, dacht ik, ga ik met je mee!'

De warmte die van het dier kwam, haar natte graslucht en zwoegende hart troostten Kim terwijl ze met de koe naar een heuvel zwom die boven het water uit stak. 'Alles gebeurde in slow motion, heel sierlijk,' weet ze nog. 'Ik probeerde het gemakkelijk voor haar te maken door vlak tegen haar flank te gaan liggen. Toch geloof ik niet dat ze blij was met dat extra gewicht. Ze was aan het puffen als een paard na een zware race.'

Op de heuvel gekomen gleed Kim van de koe en probeerde haar klopjes te geven als dank. Maar koe 569 gaf niet om affectie, schudde haar eigenaar van zich af en liep weg. 'Ze was waarschijnlijk vooral kwaad op me,' zegt Kim. 'Ze was echt een dier dat niet hield van flauwekul, een erg harde werker, dominant en haantje de voorste, maar geen knuffelbeest.' Toch was de koe een heldin, zij het tegen haar zin. Zonder haar kracht en zwemvermogen en haar bereidheid een passagier mee te nemen had Kim kunnen verdrinken. Bovendien, bleek later, was koe 569 drachtig tijdens de ramp wat op de een of andere manier haar prestatie extra bijzonder maakt.

Zoals te verwachten gaf het moedige dier niet om media-aandacht, maar toch kreeg ze die na het redden van Kims leven volop. Ze was geen schoonheid, zegt haar eigenaar, met haar grappige snoet en omgebogen oor, maar de media maakten foto's en smulden van haar verhaal. De koe kreeg ook waardering van haar eigenaren. 'We gaven haar vaak een extra klopje met de woorden "hallo, ouwe lelijkerd"! Ik denk dat ze wel wist dat we haar bijzonder vonden, maar het leek haar niets te doen.'

Kim schreef twee kinderboeken over koe 569 en haar kalf, dat zes maanden na het avontuur kerngezond werd geboren. 'Koe 569 werkte nog jaren als melkkoe, tot ze met veertien jaar met pensioen ging,' zegt Kim. Het dier kreeg de nodige fanmail die beantwoord moest worden en de twee bezochten scholen, gala's en andere evenementen. De koe bleef knorrig, maar was evengoed geliefd.

De hele ervaring gaf hun leven een nieuwe dimensie en leverde prachtige vriendschappen op,' zegt Kim. 'Dankjewel, 569, ouwe lelijkerd!'

**KOE 569**

Koe 569 was zo'n inspirerende heldin dat haar eigenaar haar eer bewees in twee kinderboeken: *Cow Power* en *Baby Cow Power*. Het laatste gaat over het kalf van 569 dat tijdens de heroïsche zwemtocht in haar buik zat en kort daarna werd geboren.

*Ramsey, veilig terug op het droge.*

ADELAIDE, AUSTRALIË, 2008

# De dolfijnen die een hond redden

SINDS IK VOOR HET EERST EEN TEEN IN ZEE STAK, WIST IK zeker dat ik ooit een band zou krijgen met een wilde dolfijn. Inmiddels heb ik wel gespeeld met een betrekkelijk tam dier, maar dat is alles.

Er is echter een Australische vrouw met de naam Karyn Gitsham die al veel magische momenten met heldhaftige dieren heeft beleefd. Ze werd van de verdrinkingsdood gered door een van haar honden, de enorme ridgeback Winston. Hij merkte dat ze in gevaar was, greep haar bij de kraag van haar shirt alsof ze een van zijn pups was en trok haar uit het koude diepe water. En ze werd bijna verpletterd door een steigerende hengst (ze was eraf gevallen en lag onder hem), maar beiden maakten oogcontact en met een onhandige en vast pijnlijke draai verplaatste hij ineens zijn gewicht

*Vier dolfijnen, zoals deze kleine groep, hebben Ramsey en Karyn gered.*

om haar te vermijden. Het paard viel op zijn rug en Karyn bleef ongedeerd. Toen hij weer overeind stond, liep hij direct naar haar toe en legde zijn hoofd op haar borst.

Mijn favoriet is dit verhaal. Karyn zat alleen op een heuvel bij de paardenwei te huilen om het verlies van haar moeder. Ze wiegde heen en weer met haar gezicht in haar handen. Toen ze opkeek, zag ze dat haar paarden, acht merries, bij haar op de heuvel in een perfecte cirkel om haar heen lagen. 'Het was alsof ik was omhuld door warmte en liefde,' zegt ze. 'Ik voelde de rust die ze uitstraalden. Ze creëerden een veilige plaats voor me om te rouwen.'

En ga zo maar door. Dieren hebben Karyn op verschillende manieren steeds weer gered.

Het zou me dus niet moeten verbazen dat Karyn die dolfijnen-ervaring beleefde waarvan ik altijd had gedroomd.

Karyn woont op een heuvel op bijna 3 hectare prachtig land met uitzicht op de oceaan, nabij Adelaide in Zuid-Australië. Al jaren maakte ze elke ochtend een lange strandwandeling met haar twee honden, cockerspaniël Ramsey en Rhodesian ridgeback Buddy. Ramsey was dol op zwemmen en behoorlijk onbevreesd voor zo'n klein ventje. Op die dag in 2008 sprong hij dus in de branding en begon te peddelen met zijn harige pootjes. Hij hield niet op. Hij zwom en zwom tot hij nog maar een stipje was, nauwelijks te zien in het fonkelende water. Karyn bleef hem maar roepen, maar hij was kennelijk vastbesloten door te zwemmen tot aan Kaapstad in Zuid-Afrika.

Ze was niet alleen bang dat hij van vermoeidheid zou verdrinken, maar 'dit is Jaws-gebied,' zegt Karyn. 'Er zitten veel grote witte haaien. Ik stond doodsangsten uit!' Hem volgend met haar ogen liep ze het strand af tot het eindpunt. 'Nu waren er alleen rotsen en een klif. Maar ik dacht: ik mag mijn hond niet kwijtraken! Dus begon ik te klauteren. Het water beukte tegen de rotsen en mijn adrenaline schoot omhoog.' Intussen rende Buddy vooruit over een hogere klif, luid blaffend naar zijn roedel daar beneden. Ramsey leek nu te proberen naar zijn bazin te zwemmen, maar kwam niet vooruit. Mogelijk was hij beland in een levensgevaarlijke getijdestroom.

Toen werd het nog erger. Karyn viel in het water.

Hoestend en proestend wist ze een rots vast te grijpen maar

*'Ramsey zwemt nog steeds,' zegt Karyn, 'maar hij is wel voorzichtiger'.*

de golven sloegen over haar heen. Ze werd heen en weer geslingerd, onder getrokken en tot bloedens toe tegen de rotsen gebeukt. Met Buddy hulpeloos op de kant 'hing ik daar minstens een halfuur, roepend naar Ramsey. Een paar keer liet ik los om hem achterna te zwemmen maar ik werd teruggedreven naar de rotsen. Algauw zag ik hem niet meer en ik dacht: het is gebeurd. Ramsey is weg en ik red het nooit. Er is hier niemand om me te helpen. Het is gedaan met me.'

Toen sneed er een vin door de golven. En nog een. En een derde en een vierde, een kleintje. Vier dolfijnen, waaronder een kalf, kwamen pijlsnel op Karyn af, keerden om en zwommen naar de plaats waar Ramsey was geweest. Even verdwenen ze onder water. En toen zag ze hem, zijn kopje was boven water en kwam naar haar toe. Hij leek moeiteloos te drijven: de dolfijnen duwden hem! 'Toen hij vlakbij was, liet ik los en begon hard naar hem toe te zwemmen,' zegt Karyn.

'Ik greep Ramsey vast en voelde iets tegen mijn benen porren toen de dieren me naar een groot rotsblok duwden. Ik wist Ramsey erop te gooien en klauterde er toen zelf op. De doorweekte Ramsey en Karyn lagen daar uitgeput en versuft te hijgen. 'Ik zag de dolfijnen nog één keer,' zegt ze, 'op weg naar volle zee. Wat is er zonet gebeurd? vroeg ik me af.'

Karyn had een arm uit de kom en een gescheurde biceps en zat vol schrammen en bloed door het contact met de rotsen. Maar ze leefde nog en wonder boven wonder haar hondje ook.

Toen de mediahype voorbij was (je kunt je voorstellen dat zo'n verhaal groot nieuws was), pakte Karyn haar routine weer op en liep elke ochtend over het strand. Buddy is intussen overleden, maar Ramsey gaat nog steeds mee en is nog steeds dol op zwemmen. 'Maar hij gaat niet ver en komt altijd meteen terug,' zegt ze. En als ze voor de kust dolfijnen ziet, wat bijna elke dag gebeurt, voelt Karyn een speciale, bijna spirituele band met ze. 'Ik denk vaak dat het dezelfde school is die ons redde, dus strek ik mijn hand naar ze uit, sluit mijn ogen en denk: dank jullie wel. Maar ze vermoedt dat ze geen erkenning nodig hebben voor hun heldendaad. 'Dat doen ze nu eenmaal, zo zijn ze,' zegt ze. 'Zo zouden we allemaal moeten zijn.'

**DOLFIJNEN**

**Gewone dolfijnen vormen vaak grote sociale groepen van gemiddeld honderden dieren. Soms tellen die groepen wel 10.000 dolfijnen die samen door de zeeën trekken. We spreken dan van een 'megaschool'. Dit schouwspel is echt een van de wonderen van de natuur.**

*Deel twee*

# Elke dag een held

## *Een leven lang geven*

> 'In deze wereld is niemand nutteloos
> die de last van een ander verlicht.'
>
> — *Charles Dickens*

**HIER GAAT HET OVER DIEREN DIE GEEN EENMALIGE HELD ZIJN** maar zich elke dag opnieuw nuttig maken. Het vraagt een speciale aard om te doen wat zij doen en niet elk dier heeft die. Ze herinneren ons eraan wat het betekent jezelf volledig en ruimhartig dienstbaar te maken aan anderen.

*Jasmine speelde een belangrijke rol in veel dierenlevens.*

WARWICKSHIRE, ENGELAND, 2003

# De toegewijde greyhound

DE HOND IN DIT VERHAAL ZOU WEL EENS DE RUIMHARTIGste hond kunnen zijn die ik ooit heb gekend. Een held in goedgunstigheid.

Pak er maar een zakdoek bij, want nu komt het droevige deel. Elke dag worden overal ter wereld honden afgedankt en aan hun lot overgelaten. Sommige worden wild en spreken vergeten wilde instincten aan om te overleven. Andere geven het gewoon op; zij missen de energie om door te gaan. De jonge Jasmine, zo'n drie jaar oud, behoorde tot de laatste soort. Ze was achtergelaten in een koude tuinschuur zonder voer of water waar ze al enkele dagen zat. Als greyhound had ze het niet lang overleefd, zonder dikke warme vacht en zonder vet om in karige tijden op te teren.

Gelukkig werd het angstige dier gered door een politieagent na een melding over een blaffende hond. Hij bracht haar snel naar Geoff Grewcock bij het Nuneaton & Warwickshire Wildlife Sanctuary in Engeland.

'Ze was lethargisch. Haar vacht zat vol klitten en vlooien en kale plekken. Ze was er slecht aan toe.' Als Geoff naar haar toe ging 'legde ze angstig haar kop op de grond. Ze had het zwaar gehad.'

Het kostte een paar maanden om haar te verlossen van haar angsten (en haar vlooien!) maar eindelijk ging er een knop om. Ze bleef een lang gezicht trekken (ze was tenslotte een greyhound), maar Jasmine overwon haar schuwheid en droefheid. 'Het is alsof ze ineens besefte dat ze was gered, dat ze niet bang meer hoefde te zijn en dat het tijd was iets terug te doen,' zegt Geoff.

Iets terugdoen werd Jamines doel. Voortaan gebruikte ze al haar energie om ervoor te zorgen dat andere dieren zich welkom, op hun gemak en veilig voelden, net als Geoff en de anderen in het asiel voor haar hadden gedaan.

'Eerst dachten we dat het gewoon nieuwsgierigheid was. Steeds als er een nieuw dier in de opvang kwam, ging ze dat bekijken.' Maar voor Jasmine was het meer. Ze was echt bezorgd en wilde helpen. 's Morgens ging ze allereerst elk hok langs om te zien of alle dieren oké waren,' zegt haar baas. Dan speelde ze met de vogels; ze liet kuikens op haar neus en rug zitten, 'kwispelend van vreugde!' Ze liep rond met de vossen alsof ze oude vrienden waren (jachthonden horen op vossen te jagen) en was dol op een das die ze had helpen redden.

Als een dier gewond of bang was, zoals een konijn met een kale plek waar hij herhaaldelijk was geschopt, ging ze zitten en liet het tegen zich aan kruipen terwijl ze het likte en besnuffelde. Ze leek aan te voelen wie mishandeld of gewond was en wie alleen wat moederliefde of een speelgenoot nodig had en handelde daarnaar. 'Het gaf niet wat het was. Soms was het moeilijk haar 's avonds uit het hok van andere dieren te krijgen.'

Ken je Bramble nog, het hertje dat voorkwam in *Onmogelijke vriendschappen* met zijn vriend de kalkoen Tinsel? In dat boek zei ik dat het hert uit zijn coma was gehaald door een hond. Dat was Jasmine. Haar zachte gelik bracht het dier bij en toen ging ze naast hem liggen, hield de moed er bij het ventje in en hielp hem te genezen. 'Zij speelde een grote rol in het overleven van Bramble,' zegt Geoff.

En dan dit. Houd de zakdoek maar weer klaar: op een dag werden twee acht weken oude terriërpups binnengebracht. Ze waren aan de treinrails gebonden en zo achtergelaten. Gelukkig redde iemand ze voor er een trein kwam, maar natuurlijk waren ze compleet overstuur. Toen ze waren afgezet kon niemand ze in beweging krijgen. Voor Geoff ook maar kon proberen ze te pakken, nam Jasmine het heft in handen.

'Ze ging meteen naar ze toe, pakte de eerste bij zijn nekvel, liep door het asiel het huis in, liet hem op de bank vallen en ging terug voor de tweede,' vertelt hij. Toen ging de hond tussen de twee in liggen en bleef daar de hele dag. Twee weken lang was ze hun onafscheidelijke metgezel, tot ze zich veilig genoeg voelden om contact te maken met andere dieren en op onderzoek uit te gaan. 'Ze wist dat er iets mis was en wilde voor ze zorgen,' zegt Geoff. 'Het was fantastisch.'

In feite was er geen enkel dier dat Jasmine niet hartelijk verwelkomde in het asiel. Geoff denkt dat ze tijdens haar verblijf daar dol was op minstens vijftig verschillende dieren van vele soorten. En toen ze in 2011 op veertienjarige leeftijd stierf, 'werden alle dieren erg stil,' zegt hij. 'Mijn andere honden leken ongelukkig. Het duurde een paar weken voor ze weer normaal deden.' Ook hij en zijn gezin waren kapot van dit verlies, 'maar met 150 andere dieren om voor te zorgen hadden we iets om ons elke dag op te richten,' zegt hij.

Ze was een moeder en een hoeder, een echte heldin voor heel veel dieren, zegt Geoff bewonderend. Ze was zelfs een leraar: een van haar geliefde honden lijkt haar vriendelijke gedrag te hebben afgekeken en speelt nu net zo'n rol in het asiel als Jasmine deed. 'Bepaalde dieren zijn geen gewone passanten... Ze doen hier iets bijzonders,' aldus Geoff. 'Zo een was Jasmine.'

*Jasmine met Bramble,
het hertje.*

CALIFORNIË, V.S., 1997

# De meelevende dromedaris

SERGEANT BERT HEEFT EEN ENORM GAT IN ZIJN UNIFORM, maar heeft daarvoor nooit een berisping gekregen. Het gat hoort gewoon bij zijn unieke uitmonstering op het politiebureau. Maar het is maar goed dat hij een dromedaris is en geen huiskameel, anders had hij vast helemaal geen uniform gehad.

Bert is een nu 1000 kg zware reus met een grote snuit, geboren en opgegroeid in Californië. En hij heeft talloze mensen geholpen. Hij is zelfs zo actief geweest in de gemeenschap dat hij een badge en een rang heeft gekregen van de politie (maar geen dienstpistool.)

Bert, die hulpsheriff was voor hij werd bevorderd tot sergeant, heeft zijn status prima waargemaakt. Hij bezoekt regelmatig scholen waar hij helpt kinderen van drugs af te houden. Hij bezoekt

Bert als toneelspeler.

ziekenhuizen, waar hij verdrietige mensen blij maakt. Hij loopt mee in optochten en gaat naar feesten. Hij steekt zijn grote neus in Halloweenzakjes om er snoep uit te stelen en pakt hoeden van hoofden en houdt ze net buiten bereik, tot grote hilariteit. Hij brengt tijd door met blinde kinderen die met hun handen in zijn dikke vacht mogen woelen. Hij schittert in zijn eigen Bert-kleurboek en op honkbalplaatjes. Zijn eigenaar Nance Fite, zelf reserve-hulpsheriff in LA County, zegt: 'Iedereen is dol op Bert.'

Volgens Nance zijn er eindeloos veel verhalen over Bert als kampioen van mensen in nood, maar één is haar favoriet. 'Ik nam hem mee naar een kinderziekenhuis en de verpleegster reed een jongetje naar hem toe,' vertelt ze. 'De jongen was erg ziek en had in zes maanden nauwelijks geglimlacht of zelfs maar bewogen. Ik bracht Bert bij hem en het dier moet hebben gevoeld wat het kind nodig had; hij legde zijn kop op diens schoot en bleef zo bewegingloos staan.

Terwijl de verplegers, ouders en Nance toekeken, voltrok zich een transformatie. 'Ik zag dat de jongen met elke vezel in zijn lijf probeerde zijn hand op te tillen om Bert te aaien,' zegt Nance. 'En toen begon hij te giechelen! Iedereen was in tranen. Het was ongelooflijk dat kind na zo lang weer blij te zien. Ik denk dat Bert op deze aarde is gezet voor dat moment.'

Ik weet wat je nu denkt. Kamelen zijn vals. Ze stinken. Ze spugen (of eigenlijk schieten ze met braaksel, lekker hè?). In de wereld der hoefdieren zijn het echte zuurpruimen. Dat mag je best zeggen. Kamelen zijn geen geschikte huisdieren. Toch?

Dat van die huisdieren klopt aardig, dus begin er niet aan. Maar zijn alle kamelen echt zuurpruimen? Volgens Nance niet. 'Ik denk dat kamelen worden geboren als zachtmoedige dieren met hersenen en standvastigheid,' zegt ze. 'Enkele blijven vriendelijk en joviaal, maar andere hebben het idee dat ze zich op diverse niveaus moeten handhaven. Als kamelen denken dat iets slecht is, pikken ze het gewoon niet.' Vandaar die slechte naam.

Bert is beslist uitzonderlijk. Een kameel die niet voldoet aan de norm. Een lieve kameel met een verbazend instinct waar het mensen betreft.

Tot de verklaringen voor zijn vriendelijke aard horen wellicht de onwaarschijnlijke liefdes die hij heeft gekend. Toen hij, vijf maanden oud, al onder Nances hoede was, besloten haar bejaarde paard en haar hond dat de kameel de familiebaby was. Ze schonken hem veel affectie. En toen hij uitgroeide tot een reus begreep hij dat hij voorzichtig moest zijn omdat hij zijn vrienden anders pijn zou doen. 'Ik denk dat hij daarom nu zo goed is met kinderen,' zegt Nance. 'Ze mogen gewoon over hem heen kruipen. Hij gaat heel behoedzaam om met kleine wezens.' Eén vertrapte eend betaalde de prijs voor deze les, maar die fout heeft de kameel nooit meer gemaakt!

Bert was niet alleen goed met kinderen, maar hij is ook Nances held. Een paar jaar geleden was Nance met een groep aan het kam-

Bert inspireert talloze kinderen tijdens zijn schoolbezoekjes.

peren. Ze hadden een historische kamelentocht nagedaan. 'Ik was in mijn tent en Bert in een kraal vlakbij, maar hij bleef maar balken en schreeuwen en liep onrustig heen en weer,' vertelt Nance. 'Ik ging er steeds heen om hem te kalmeren, maar hij hield niet op.' Dus zette Nance haar tent dichter bij Bert, hopend dat dat hem zou kalmeren. 'Hij lag met zijn neus in mijn tent en sliep zo de hele nacht,' zegt ze. De volgende morgen 'vonden we overal in de buurt sporen van een enorme bergleeuw. Hij moet hebben geweten dat de leeuw er was en was pas gelukkig toen hij zo dicht bij me was dat hij me kon beschermen.'

Hij heeft haar zelfs geholpen een beter mens te zijn, zegt ze. 'Ik ben toleranter geworden. Ik heb geleerd geduldiger te zijn. Je kunt een kameel van 1000 kilo niet dwingen iets te doen wat hij niet wil.

Het moet zijn idee zijn, anders gebeurt het niet. Dat is een goede les voor me geweest,' aldus Nance.

Het is echter zijn werk voor jongeren dat deze dromedaris echt uniek maakt, zegt Nance. 'Na onze sessies op school schreeuwen kinderen Bert vaak toe dat ze van de drugs zullen afblijven. Docenten zijn lyrisch over de effectiviteit van zijn bezoekjes. We gaan naar risicojongeren en doen programma's in ruige buurten. Hij weet erg goed het ijs te breken. Iedereen moet giechelen als hij zijn kop buigt en een kind knuffelt of zijn diepe keelgeluiden maakt.' Iedereen weet dat het niet meevalt kinderen naar goede raad te laten luisteren. Maar Bert heeft er aanleg voor. 'Hij duwt ze niet de boodschap 'braaf zijn' door de strot, maar weet ze er enthousiast voor te maken het goede te doen,' aldus Nance. Alleen al zijn aanwezigheid lijkt wonderen te doen, zegt ze.

'Ik vind het heerlijk dit bijzondere dier te delen met anderen,' zegt Nance. 'En hij vindt het heerlijk met me mee te gaan en zijn ding te doen.'

Californië, V.S., 1995

# De hond die van katten hield

**Vaak gaat het zo: kat ziet hond, maakt zich plat,** bevriest. Hond, doldwaas en afgeleid, ziet de kat niet direct. Maar dan trekt een zwiepende staart zijn aandacht. Kat! Hond komt naderbij. Kat spert ogen open en gromt die lage grom. Hond kwispelt en zakt door de poten zodat de kat niet weg kan. Kat blaast, spuugt en slaat naar de hondensnoet, wacht een tel en weet dan weg te glippen. Kat had gelijk. Stomme, irritante hond is geen aandacht waard.

Maar Wuffy stelde die boze kat in het ongelijk. Wuffy, een kruising tussen een sharpei en een onbekende moeder, deed meer dan gewoon katten dulden. Ze redde ze. Honderden. Ze hielp zieke katten genezen, nam de angsten van verlaten kittens weg en kreeg ze aan het eten. Ze wist wat een gewonde kat nodig had en leverde dat.

Het was instinctief en ze deed dit 'werk' met passie, het grootste deel van haar lange leven.

Toen dit alles begon, had Wuffy's baas Gary Rohde zelf helemaal niets met katten.

Maar kennelijk maken katten de dienst uit en hebben ze gevoel voor humor. Ze gaven Gary wel het laatste wat hij wilde: een hond die zich het liefst omringde met katten. Gary was dol op Wuffy, dus moest hij zijn minst favoriete diersoort op de koop toe nemen. 'Dat kattengedoe zit in Wuffs aard, dus moest ik ze wel accepteren,' zegt hij.

Het begon allemaal op een zomerdag in 1995, toen Gary merkte dat Wuff had gerommeld in de struiken in de achtertuin en iets in haar bek had. 'Het bleek een kitten te zijn. Ze hield hem bij zijn nekvel, net als een moederpoes doet.' Gary gaf Wuff het commando 'los' en ze liet hem in zijn handen vallen. Toen dook ze de struiken weer in. 'Ze kwam eruit met nummer twee. Toen met nummer drie. Ze leek Harry Houdini wel! Ten slotte kwam een vierde tevoorschijn. Dat was het. Geen moeder te zien.'

Wuffy moederend over twee kittens.

Gary stopte de miauwende katjes in een doos en bracht ze naar zijn dierenarts, hopend dat ze de katjes daar wilden opnemen en een thuis voor ze zouden vinden.

'Maar Wuffy raakte door het dolle

*Gary gokt dat Wuffy tussen de 500 en 700 katten en kittens heeft 'gered'.*

heen,' zegt hij. 'Ze beet en klauwde in de doos en wilde er niet bij weg. Ze wilde haar kittens!'

De kittens waren ongeveer twee weken oud en hadden speciale zorg en elke paar uur melk nodig. De dierenarts bood die dienst niet en stelde Gary voor ze naar een dierenasiel te brengen, waar misschien een zogende poes zat die ze kon voeden. Maar die was er niet. Dus iemand zou meteen moeten beginnen ze flesvoeding en verdere zorg te geven tot ze zo sterk waren dat ze konden worden geadopteerd. Die iemand werd: Gary.

Eindelijk zag Wuffy haar kans schoon. 'Zodra het mocht, ging ze tussen de kittens liggen en begon ze te likken, van voren en van achteren, ze rolde ze op hun rug om hun buik te doen; de hond deed mijn werk voor me.' Die nacht was ze zo vriendelijk Gary elke paar uur wakker te maken, piepend dat het tijd was om de kittens te voeden.

Wuffy was gesteriliseerd, maar Gary weet zeker dat ze melk zou hebben geproduceerd als ze had gekund (wat hem enkele erg lange nachten had bespaard!). 'Ze liet zich door de kittens bijten met die vlijmscherpe tanden! Ze tolereerde alles.' Met de zorg van Wuff en Gary 'deden de kittens het prima. Ik stond echt versteld.'

Zo redde een onwaarschijnlijke surrogaatmoeder een nest kittens – wat een mooi verhaal. Maar voor Wuff was het geen eenmalige zaak. Haar moederschap was niet alleen heroïsch qua intensiteit, maar ook qua schaal: uiteindelijk zou ze zorgen voor honderden kittens en katten. Een vriend van Gary, die bij een opvangorganisatie werkte, begon hem dieren te brengen om door Wuff te laten verzorgen, wat Gary schoorvoetend toeliet. Eén zieke kitten? Breng hem maar. Een paar dat mishandeld was en vertrouwen moest leren? Oké, we proberen het. Een nest van vier die het niet goed doen? Ik denk dat Wuffy wel kan helpen.

Keer op keer gingen katten die er slecht aan toe waren met Wuffy's zorg vooruit: ze aten, speelden en werden sterk. 'Ze leerde ze zelfs de kattenbak te gebruiken en uit de waterbak te drinken. Ze bewaakte ze, maakte ze schoon en stimuleerde ze.' Zelfs een erg valse kitten die blies en beet en naar Wuffy mepte, lag weldra opgekruld tussen Wuffy's poten in de hondenmand.

Ook andere organisaties in heel Californië begonnen Gary te vragen probleemkatten op te nemen. Gelukkig werkte Gary vanuit huis, maar hij geeft toe dat het lastig werd zijn eigenlijke werk te doen met al die dieren. 'We hadden vaak vier of vijf jonkies tegelijk.'

Op een dag wees Wuff Gary de weg naar een weggelopen kat. Die was eerder buiten verdwenen en mijn vriendin zocht haar overal. Toen leidde Wuff me door de straat naar een geparkeerde auto en daar bleek Nicky onder te zitten! Ik snap niet hoe ze al die dingen deed; ze was geweldig.'

Jarenlang was Wuffy toegewijd aan de taak die ze zichzelf had opgelegd. Gary denkt dat ze vijf- tot zevenhonderd katten en kittens 'redde'. 'Het was haar levensdoel,' zegt hij. 'Als er geen kitten in huis was, werd ze depressief. Ze leek alleen voldaan als ze haar werk kon doen.'

Hoewel hij zelf ook een rol speelde in alle kattenzorg, kent Gary Wuffy alle eer toe voor de honderden succesverhalen. 'Dit was niet mijn roeping, maar de hare. Als het had gekund zou ze het helemaal zelf hebben gedaan.'

Haar laatste inspanningen golden katten bij een hulporganisatie voor siamezen. Toen ze ten slotte stierf, was ze niet minder dan 17½ jaar. Gary denkt dat ze onder meer zou oud werd door haar vriendelijke aard en haar toewijding aan iets anders dan op botten kauwen en in de zon liggen. 'Heel veel katten zijn door haar geholpen, en mensen ook,' aldus Gary.

'Ze is nu in de hondenhemel,' zegt Gary. 'Iedereen mist haar.' Sinds Wuffs dood heeft Gary de zorg voor kittens opgegeven. Gezien zijn vroegere aversie van katten vindt hij dat hij meer dan genoeg heeft gedaan voor de kattenzaak.

WASHINGTON, V.S., 2007

# *De* liefdevolle lama

IN EEN VERPLEEGHUIS VOOR OUDEREN PROBEERT DE 89-jarige Helen rechtop in bed te gaan zitten. Ze probeert dit zelden, want het doet pijn en put haar uit. Maar dit is een bijzondere dag en een verpleegster helpt haar omhoog tegen twee kussens zodat ze kan rondkijken. In de gang blijkt Harold, een mopperpot die in maanden geen woord heeft gezegd tegen zijn medebewoners, in een praatgrage bui, zelfs een beetje hoopvol. En dan is Grace er nog: alzheimer heeft deze intelligente bruisende vrouw veranderd in een zwijgende huls, gekluisterd aan een stoel. Maar ze strekt glimlachend haar armen uit. Net als de anderen wil ze gewoon haar handen op Rojo leggen. Ze plengt een paar tranen bij zijn komst, zo gelukkig is ze dat hij haar weer komt opzoeken.

Rojo lijkt een lichtje in zich te dragen. Hij trekt je aan. Zijn dikke roodachtige vacht is zo heerlijk aaibaar en troostrijk dat je je armen om zijn nek wilt slaan en je gezicht in zijn manen wilt verbergen. Deze lama leeft om mensen op te beuren. Hij doet het dagelijks, als een held, en iedereen die hem ontmoet voelt zich beter door zijn aanwezigheid.

Rojo is een therapiedier uit een therapiecentrum in Vancouver, Washington. 'Hij is geboren met een voor een lama uitzonderlijk karakter,' zegt Lori Gregory, directeur van het therapiecentrum. 'Hij is zo mak en tolerant dat hij zelden negatief reageert, zelfs niet als mensen onaardig tegen hem zijn!'

Lama's, legt Lori uit, zijn slimmer dan paarden en even goed te trainen als dolfijnen en misschien zelfs honden. 'Maar je moet ze niet vertroetelen als ze jong zijn,' waarschuwt ze. 'Als je ze al vroeg behandelt als kameraad denken ze dat jij ook een lama bent en zullen doen wat in hun aard ligt: proberen je te domineren.'

Moeder en dochter hadden echter gelukkig goede mentors die hen hielpen van Rojo een echte lieverd te maken, wat in zijn geval niet veel moeite kostte; het leek al in hem te zitten. En toen ze besefften wat een vriendelijk dier hij was, besloten ze hem te delen met behoeftige mensen.

Behoeftig in welk opzicht? Liefde bijvoorbeeld, of vriendelijkheid, een knuffel, een zachte plaats om hun vermoeide hoofd te leggen. Het moment waarop Lori besloot Rojo's training naar een hoger niveau te tillen was toen ze zag welke invloed het dier had op een jongetje in een rolstoel. Op de website van het therapiecentrum schrijft ze: 'Er kwam een vrouw naar het lamaterrein met haar

Gelukbrenger.

zoontje in zijn rolstoel. De jongen was zeven of acht jaar maar had geen handen of voeten en onder zijn scheefstaande pet zag ik zijn kale hoofdje. Ik verzekerde haar dat haar zoon Rojo gerust kon aaien dus duwde ze hem dichterbij, bijna in Rojo's borsthaar. Toen dat ventje met zijn armen in Rojo's vacht woelde, verscheen er een enorme glimlach op zijn gezicht en hij riep: "Mama, ik heb een lama geaaid! Ik heb een lama geaaid!"'

Toen ze zag hoe blij hij was, besefte Lori wat een geschenk Rojo was. Hier was een dier dat weinigen nog hadden ontmoet, dus waren er geen vooroordelen, geen slechte ervaringen die moesten worden overwonnen. En hij maakte mensen gelukkig, ook als hun leven moelijk was.

Nu brengt Rojo als getraind therapiedier veel tijd door met zieke kinderen en ouderen. Hij heeft tot nu toe vijfhonderd bezoeken gedaan. Hij gaat zelfs naar een plaatselijke middelbare school in examentijd om gestreste leerlingen te helpen. 'Een van de docenten vertelde dat ze nooit zoveel heeft zien lachen in de examenweek dan wanneer Rojo er is,' vertelt Lori.

Rojo heeft veel liefde geschonken aan kinderen met autisme en andere cognitieve en emotionele problemen. Bij het Serendipity

Center in Portland, Oregon, renden sommigen weg als de lama binnenkwam, vertelt Lori. Hij is tenslotte met zijn 1,6 meter en circa 200 kilo nogal intimiderend. 'Ze waren bang. Maar we zagen hoe ze veranderden. Kinderen die eerst wegrenden willen hem nu aanraken en knuffelen en met hem aan de lijn lopen. Sommigen schrijven zelfs gedichten voor hem.'

Eén jongeman, Chris, had vanaf zijn vroege jeugd grote fysieke en psychische problemen die met de jaren ernstiger werden. Nu is hij rond de twintig jaar oud, gaat naar het dagverblijf en praat niet. 'Bij ons eerste bezoek wilde hij Rojo nauwelijks aanraken en niet in zijn buurt zijn,' weet Lori nog. 'De tweede keer aaide hij hem, maar rende toen de kamer uit. Maar bij het derde bezoek kwam hij naar Rojo toe, nam zijn snoet in zijn handen en keek hem in de ogen.' Lama's zijn altijd op hun hoede voor roofdieren en trekken hun kop weg als je die wilt aanraken of hun zicht blokkeert. Maar Rojo bleef stilstaan en was ontspannen, dus was Chris dat ook. 'We zagen de man veranderen. Het was ongelooflijk.'

*Rojo houdt van aandacht en verkleedpartijen.*

Intieme nabijheid van mensen is meestal niets voor lama's. Maar Rojo vond het meteen prima. 'Hij is de enige die ik ken die duldt dat je je armen om hem heen slaat,' zegt Lori. 'Meestal vinden de dieren het niet prettig als je hun rug en onderlichaam aanraakt, maar bij hem mag ik alles aaien, zelfs zijn voeten en staart. Kinderen vlechten zijn staart en hij vindt het goed. Hij houdt van die aandacht.'

De lama laat zich zelfs optooien. Lori dost hem op verschillende feestdagen mooi uit, met lampjes met Kerstmis, harten op Valentijnsdag en klavertjes met St. Patrick's Day. Soms komen oudere bewoners die zelden hun kamer verlaten kijken wat de lama draagt op speciale data.

Lori geeft toe dat ze wat bevooroordeeld is, maar 'Rojo is echt een held door de manier waarop hij iedereen blij maakt, in welke situatie ze ook zitten. In instellingen waar we komen, zitten mensen die veel pijn hebben. Hij leidt hen af van die pijn. In een crisissituatie helpt hij kinderen zich op iets anders te richten dan hun angst. Hij helpt mensen anderen weer te vertrouwen. Als kinderen met hem aan de lijn mogen lopen voelen ze zich sterk. Zijn vriendelijke aard en acceptatie van mensen doen heel veel goed.'

In het verpleeghuis zijn de bewoners intussen een en al glimlach, blij dat de lama zijn ronde weer doet. De mopperpot smelt als hij Rojo ziet en protesteert als Lori zegt dat ze verder moet. Als ze het dier ten slotte wegleidt, volgt de man in zijn scootmobiel en vertelt dat het lamabezoek het beste is dat daar ooit is gebeurd. 'Volgens het personeel zouden ze willen dat Rojo elke dag kwam,' zegt Lori. 'Door hem gebeurt er telkens een klein wonder.'

Illinois, V.S., 2012

# De beste vriend van een veteraan

Lon Hodge krijgt een dikke keel als hij praat over de verliezen, over zijn traumatische ervaringen als soldaat in de Vietnamoorlog. Over veel dingen is hij vaag en hij laat details weg die zijn leven positief dan wel negatief hebben beïnvloed.

Als ‘soldatenkind’ trad Lon in zijn vaders voetsporen en nam begin jaren ’70 dienst in het leger. Hij werkte lange tijd als raadsman voor brandwondenslachtoffers en kwam later bij de explosievenopruimingsdienst. Lon zag ‘echt verschrikkelijke dingen’ (daarbij laat hij het). ‘Die dingen worden steeds groter,’ zegt hij over het effect daarvan. ‘Ik kon niet meer slapen, kreeg paniekaanvallen, soms vijf per dag. Alsof ik steeds een hartaanval kreeg.’

‘Er was toen nog niet veel psychiatrische hulp beschikbaar om soldaten verder te helpen. ‘Niemand praatte toen over dit soort din-

gen,' zegt hij. 'We hadden het er gewoon niet over.'

Toen overleed Lons vader aan oorlogsverwondingen en zijn moeder werd ernstig ziek. Lon was niet alleen verstrikt in de trauma's van anderen, maar ook zijn eigen pijnlijke ervaringen knaagden aan zijn binnenste. Hij had totaal geen energie meer. 'Ik was in de jaren '80 een echt buitenmens, liep marathons, had de zwarte band in taekwondo. Toen kon ik ineens niets meer.'

Van het dok tot de dokter, Gander wijkt niet van Lon's zijde.

Lons mentale toestand bereikte een dieptepunt en het leger schreef medicijnen voor die 'tien jaar lang een zombie van me maakten. Ik kon niet meer denken.'

Maar Lon was een vechter. Hij besefte dat hij van de medicijnen af moest en zijn leven op orde moest krijgen en algauw krabbelde hij op. Zijn eerste oppepper kreeg hij uit onverwachte hoek,

Gander, een poedelkruising, is geen typische hulphond.

van een zwerfkat die hij vond tijdens een lang verblijf in China. 'In het complex waar ik zat waren veel zwerfdieren en een daarvan begon naar me toe te komen als ze mijn voetstappen hoorde. We hielden elkaar gezelschap en dat voelde goed.'

'Ik noemde haar mijn hulpkat,' zegt hij. 'Ze bleef eens een paar dagen weg, kwam toen terug en deed de katversie van Lassie: ze rende steeds miauwend heen en weer. Ze had haar kittens onder een auto verstopt en probeerde me erheen te krijgen. Ik stond versteld. Ze liet niemand erbij maar ik kon ze zo oppakken. Geweldig!'

Die ervaring bracht Lon op het idee dat als een kat hem zo'n goed gevoel kon geven, een hond hem echt zou kunnen helpen genezen, mentaal en fysiek. Terug in de V.S. begon hij zich te verdiepen in honden voor veteranen. Hij stuitte op de groep Freedom Service Dogs, die honden traint om mensen met fysieke en psychische problemen te helpen. Vrij snel kwam er een hulphond beschikbaar. Het was geen labrador of herder, zoals hij had verwacht, maar een kruising van een poedel.

'Toen ik dat hoorde dacht ik: daar gaat mijn macho-image!' Lon lacht. Maar vervolgens hoorde hij hoe geliefd de pup was geweest tijdens zijn training. 'Hij was de ster. Mensen die met hem werkten, huilden toen hij zijn diploma kreeg.' Lon ging overstag.

En wat een geluk is dat geweest, zegt hij nu.

Lon is nu zestig. Gander is vier. 'Hij deed me inzien dat ik wel heel erg op mezelf was gericht. Ik was erg egoïstisch en in mezelf gekeerd. Noodgedwongen, maar zo wilde ik niet meer zijn.' De beste manier om dat te overwinnen, vertelt hij, is 'uit je stoel moeten komen om voor een ander te zorgen. Hier was dat geweldige lieve dier dat wil dat je hem aanraakt en met hem speelt. Het maakt je verantwoordelijk, maakt dat je eens niet aan jezelf denkt.'

Met Gander werd Lon mobieler en minder geïsoleerd. De hond helpt met basisdingen: hij pakt een bankpas of geld op als Lon die laat vallen (zonder ze nat te maken!), opent deuren, doet het licht aan en uit. Bovendien heeft hij 'een zesde zintuig en weet wanneer er iets mis is. Als er te veel lawaai is, leidt hij me naar een rustiger plaats,' zegt Lon. 'Hij is zo expressief en precies met alles. Iedereen die hem kent, zegt dat het geen hond is maar een verfijnd wezen.'

En het belangrijkste: 'Hij wijkt nooit van mijn zij.'

Lon heeft geen paniekaanvallen of nachtmerries meer. 'Gander heeft dat sterk verminderd.' Intussen is Lons vroeger torenhoge bloeddruk lager geworden sinds hij de hond heeft. 'Ik slik nu veel minder medicijnen,' zegt hij.

Natuurlijk kunnen andere honden veel van wat Gander doet ook leren. Maar bij deze pup gaat het om meer dan alleen commando's opvolgen. 'Ik hoef hem nooit te belonen. Hij doet het intuïtief. Mijn vrouw grapt wel dat Gander en ik elkaar kennen uit een vorig leven omdat we zo'n bijzondere band hebben. Zijn vriendelijkheid, liefde en compassie zijn groter dan van hem wordt verwacht. Als hij zich met een bezorgde uitdrukking ontfermt over iemand met een trauma, is dat bijzonder. Dat is heldendom. Hij weet gewoon wat hij moet doen.'

Er zijn toevallige helden, zegt Lon, 'en andere zijn geboren met het instinct om te helpen, helden van begin af aan.' Ik weet dat Lon Ganders kop streelt en in die trouwe hondenogen kijkt als hij zegt: 'Zo een is deze.'

**POST-TRAUMATISCHE STRESS STOORNIS (PTSS)**

Onderzoek en persoonlijke verslagen blijven aantonen dat gezelschapshonden mogelijk het beste medicijn zijn tegen PTSS. Niet alleen bieden ze praktische hulp, maar ze kunnen ook depressiviteit verlichten.

Jettmobile

Jeruzalem, Israël, 2010

# *Het* inspirerende konijn

HET LEVEN IS AL MOEILIJK GENOEG ALS JE BENT GEBOREN met goed functionerende lichaamsdelen. Als er iets verdraaid of gebroken is of zelfs ontbreekt, wordt het een heel ander verhaal. Wie het moet doen met een gebrekkig werkend lichaam moet zich aanpassen aan een wereld die daarop niet is ingericht. Het kan een pijnlijke strijd zijn, vooral voor kleine kinderen die gewoon willen hollen en springen, schommelen en buitelen, ronddraaien en vallen en weer opstaan.

Toen Riki Yahalom Arbel ruim twaalf jaar geleden in Jeruzalem begon aan haar loopbaan als therapeut met dieren, wilde ze gebroken kinderen helpen zich weer heel te voelen. En al doende vond ze een onwaarschijnlijke partner bij haar werk.

Alyna was een konijntje in een worp van negen in een kinder-

*Alyna rent, ondanks haar handicap, regelmatig door het ziekenhuis.*

boerderij, het kleinste van het stel. 'Eerst kon ik niet zien dat er iets met haar was,' zegt Riki. 'Pasgeboren konijntjes zitten verstopt in het nest en je kunt ze niet oppakken en haast niet zien.' Maar toen de jongen vrijer begonnen rond te kruipen, merkte Riki dat een ervan met zijn achterpootjes sleepte. Die bleken helaas verlamd te zijn.

Het verbaasde Riki dat het konijn nog leefde en het goed deed. 'Meestal verzorgt een moederdier een jong dat iets mankeert niet. Ze verstoot het uit het nest.' Dat klinkt wreed, maar dieren moeten hun energie bewaren voor de jongen met de beste overlevingskans. Dat is in het wild heel logisch. Het gebrek van dit konijntje was of niet opgemerkt, of de moeder vond het niet ernstig genoeg om het jong te verstoten. Alyna was levendig en dat heeft haar verlamming mogelijk verborgen en haar gered van een droevig einde.

'Ze was meteen al erg gemotiveerd,' zegt Riki. 'Ze rende ondanks die poten door het hok. Ze stond altijd vooraan om te eten, was altijd haantje de voorste. Ze was snel en erg taai!'

Riki begon Alyna mee te nemen naar haar werk bij het Alyn-kinderziekenhuis, een revalidatiekliniek voor kinderen en jongvolwassenen in Israël. Hier kon het dier constant in de gaten worden gehouden met de hulp van Riki's collega's. Maar in de loop van de tijd ontstond er een probleem. De achterpootjes van het konijn waren niet onverwoestbaar en konden het gesleep door het hok niet aan. Er ontstonden wonden en Riki was bang voor infecties. Om te overleven had Alyna speciale zorg nodig en een soort apparaat waarmee ze veilig rond kon huppen.

'Gelukkig heeft Alyn een geweldig lab dat materiaal voor gehandicapte kinderen maakt. Ik ging naar het hoofd, Ohad Gal-Dor, en zei: zeg, ik heb een konijn dat een brace op maat nodig heeft. Je snapt wel hoe hij reageerde. Hij dacht dat ik gek was.'

Maar Riki liet hem Alyna zien en toen ging Ohad overstag. Met de hulp van een van de fysiotherapeuten bedachten Riki en Ohad een ontwerp voor een RGO (*reciprocating gait orthosis)* die aan Alyna's behoefte zou voldoen. Het kostte enkele pogingen, maar ten slotte kregen ze de brace precies goed.

Eerst vond Alyna het maar niks dat ze aan haar nieuwe karretje werd gebonden. Het was in feite een brace rond het middel en de poten en het duurde even voor ze snapte hoe het werkte. 'Maar toen ze het eenmaal doorhad, ging ze als een speer!' zegt Niki. 'Ze trok zich voort met haar voorpoten en racete zo rond. Ze leek er echt blij mee.'

Toen kreeg Riki een geweldig idee. Alyna in haar brace kon een speciale dienst bewijzen aan het ziekenhuis in ruil voor de hulp die ze er had gekregen. Riki werkt met veel verlamde kinderen, onder anderen die met spina bifida, een vaak ernstige aangeboren afwijking aan het ruggenmerg. Ze hebben soms krukken of een rolstoel en veel fysiotherapie nodig. En daar was dit konijn, eenzelfde patiënt als de kinderen. Ze kon niet lopen en niet zindelijk worden; anderen moesten haar schoonmaken. 'Alyna was echt een van hen,' zegt Riki. 'En ze werkte hard met haar unieke lijfje en speciale uitrusting, net als zij moeten doen. Ze zou hen geweldig kunnen motiveren.'

Algauw na Riki's lumineuze idee werd Alyna een deel van de dagelijkse ziekenhuiswereld als de patiënt waartegen alle kinderen opkeken. Het konijn zoefde alle gangen door op haar karretje (plat op haar buik met vastgesnoerde achterpoten; haar voertuigje leek sterk op de RGO-brace die veel kinderen gebruiken). Ze accepteerde lekkernijen en liet zich aaien en hielp patiënten hun pijn en de reden van hun verblijf daar even te vergeten. 'We lieten de kinderen achter haar aan racen en gaven ze wortels zodat Alyna achter hen aan ging. Iedereen was dol op die spelletjes,' aldus Riki.

Hoewel niet alle konijnen gediend zijn van knuffelen, genoot dit zogenoemde leeuwenkopkonijn van de aandacht. Ze liet de patiëntjes haar lange zijdezachte wit met bruine vacht strelen en zich naar hartenlust knuffelen. Als Alyna er was, vertelt Riki, 'waren de kinderen blij. Er werd veel gelachen en als er een nieuwe patiënt binnenkwam, werd die verrast door het rondrijdende konijn.'

En het belangrijkste was: als de kinderen worstelden met hun therapie, herinnerden de stafleden hen eraan dat Alyna haar therapie ook niet leuk had gevonden. Dan werkten de patiëntjes harder om meer als Alyna te zijn. 'Door ze te vertellen over Alyna's worsteling hadden we het natuurlijk indirect over henzelf,' zegt Riki. En de kinderen leken zich daardoor minder angstig en gefrustreerd te voelen. 'Ze dachten echt dat Alyna ze begreep. Ze zagen haar doen wat zij deden en dat ook zij zich soms niet prettig voelde, dus vertrouwden ze haar.'

Alyna leefde iets meer dan drie jaar, wat gezien haar moeilijke start betrekkelijk lang is. Toen ze doodging, schreven de kinderen haar brieven en tekenden haar om haar te gedenken en te bedanken voor haar vriendschap. Ze had honderden van deze kinderen geholpen door te laten zien hoe sterk ze konden zijn en waarom al het werk de moeite waard was. Ze fungeerde als een spiegel voor hun wereld, een wereld waarin de moeilijke paden iets minder intimiderend werden doordat zich op hetzelfde pad een konijntje bevond dat naast hen voortreed.

**DIEREN DOEN GOED**

**Uit onderzoek blijkt dat getraumatiseerde of verwarde kinderen die therapie met dieren krijgen een lagere bloeddruk, minder angsten en een beter zelfbeeld hebben en meer openstaan voor andere mensen. Vaak stellen ze zich eerst open voor het dier.**

Okavangodelta, Botswana, 2010

# De onverschrokken leeuwin

Leven is een hachelijke zaak in de wildernis. Zelfs op de zonnigste dagen hangt gevaar als een donkere wolk in de lucht. Voor een fotograaf in die omgeving is alert blijven en klaarstaan om te handelen de sleutel tot succes; tot het maken van die adembenemende opname van iets zeldzaams. Maar voor de dieren betekent die alertheid niets minder dan overleven. Het is het verschil tussen overleven en sterven.

Botswana kent een natuurlijke wijkplaats, de Okavangodelta, waar water leven betekent. Jaarlijkse overstromingen veranderen land in meren en kanalen en wilde dieren gedijen bij de overvloed. Het is voor een fotograaf als de Belgische Pia Dierickx de perfecte omgeving om op zoek te gaan naar vluchtige momenten waarop wilde dieren wilde dingen doen.

*De leeuwin komt in actie, stort zich op de krokodil en verjaagd het roofdier.*

Een paar jaar geleden brachten Pia en een groepje vrienden zeventien dagen door in de delta, op zoek naar het perfecte licht, hun lenzen ingesteld op elk dier dat maar tevoorschijn kroop. Tijdens die trip aanschouwden zij (en filmde Pia) een bijzonder tafereel dat vast dagelijks plaatsvindt, maar ons even heroïsch voorkomt als iemand die een brandend huis binnenrent om een kind te redden.

De groep had net foto's gemaakt van een Afrikaanse rotspython. Toen ze merkten dat er een troep leeuwen in de buurt was die de menselijke indringers in het oog hield, gingen ze terug naar hun auto. Ze reden langzaam verder, uitkijkend naar een mooie en veilige plek om te pauzeren. Toen zagen ze een solitaire leeuwin voor zich. 'Ze rook aan de grond, waarschijnlijk op zoek naar de rest van haar troep,' zegt Pia. 'We kwamen naderbij en toen zagen we ze ineens, alle achttien leeuwen die bij de troep hoorden. Ze bewogen zich doelbewust naar een ondiep kanaal waar gieren zich te goed deden aan een karkas.'

Leeuwen in de Okavango zijn anders dan huiskatten; ze gaan water niet uit de weg, anders zouden ze vaak geen voedsel kunnen zoeken. Toch houden ze niet van zwemmen en steken heel behoedzaam over 'met veel gegrom en gegrauw terwijl ze het water testen met hun poten,' zegt Pia. Het water zelf trekt ze niet aan maar wat belangrijker is, zelfs deze alfaroofdieren hebben vijanden en moeten buiten hun element op hun hoede zijn.

Geheel gefocust op voedsel liepen twee van de leeuwinnen zo het kanaal in, de ogen meer gericht op het karkas vol gieren voor ze dan op het omringende water. En toen doken de lange leerachtige muil en glimmende ogen van een krokodil op uit het water. 'De eerste leeuwin zag hem niet, maar de tweede mogelijk wel,' vertelt Pia. 'Maar vreemd genoeg reageerde ze niet en liep gewoon achter de andere kat aan.' Misschien had ze zo'n honger dat ze het gevaar niet ten volle besefte.

De krokodil dook snel naar dieper water en koos positie vlak voor de tweede leeuwin. Nog steeds was de kat zich niet bewust van of niet bezorgd om dit reptiel in hun midden. En toen sloeg de krokodil bliksemsnel toe. Hij schoot door het water op zijn potentiele prooi af met dichtklappende kaken. De grote kat was echt in moeilijkheden.

Toch vluchtte ze niet. De leeuwin, zich nu volledig bewust van wat voor haar lag, reageerde met enorme kracht. Ze richtte zich op als een machtig strijder, neerkijkend op haar vijand. En hoe het ook was begonnen, de kat zou nu zegevieren en de krokodil verjagen voor hij haar of een van de andere leeuwen die nu het water in kwamen iets kon doen. De hele zaak was in een paar tellen voorbij, maar die leeuwin maakte de hele dag goed.

Tijdens de confrontatie 'liet ze een kreet horen die ik nooit eerder had gehoord,' zegt Pia, een soort grommende alarmkreet, een wild krijgsgehuil. 'De andere wijfjes in de troep kwamen op het tu-

## LEEUWEN

**Leeuwen begroeten elkaar door tegen elkaar aan te wrijven om geuren uit te wisselen. Soms gebeurt dit zo heftig dat een of beide leeuwen omvallen. Sterk of niet, deze grote katten zijn de meeste tijd 'lui' (ze sparen gewoon hun energie) en slapen wel twintig uur per etmaal.**

*Beschermer van de troep.*

mult af,' maar het was al voorbij, de krokodil zwom snel stroomafwaarts. Kort daarna stak de rest van de troep in kleine groepjes het kanaal over. Er waren welpen bij en vooral zij zouden een gemakkelijke prooi zijn geweest voor de toehappende krokodillenkaken. Maar met haar beschermende houding had de leeuwin voor een veilige overtocht gezorgd.

De heldhaftige grote kat beschermde natuurlijk zichzelf in een automatische reflex, de sterkste overleeft immers. Maar als zus, dochter en misschien moeder van sommige welpen in de troep, verrichtte het dier een geweldige daad door de krokodil het hoofd te bieden. Het natuurlijke gedrag van één leeuwin redde meer levens dan het hare en zorgde ervoor dat haar familie rustig kon gaan eten.

*De veilig ogende overgang is zeer verraderlijk.*

Michigan, V.S., 2013

# De therapeutische geit

Sara Manley groeide op te midden van het stof, de zoete geuren en het hinnik- en blaatconcert van de boerderij. Misschien geen optimale omgeving voor iemand met luchtwegproblemen, maar Sara liet zich er door haar vreselijke allergieën niet van weerhouden te logeren op de boerderijen van haar Texaanse familie. 'Ik moest vechten en lijden om bij de dingen te zijn waarvan ik houd,' zegt ze. Ze lijdt niet alleen aan allergieën; Sara heeft een zeldzame auto-immuunziekte, ruggengraatproblemen en spasmen. Haar bloedsuiker daalt snel door haar medicijnen en ook dat kan spasmen, attaques of zelfs black-outs veroorzaken. Ze heeft bovendien een slecht been dat soms haar gewicht niet kan dragen.

Ondanks alles kan Sarah paardrijden, wat haar grote passie is. Dus adopteerde ze een paard en stalde het op een geitenboerde-

### OUDE GEIT

Geiten behoren tot de oudste gedomesticeerde dieren. Ze werden minstens 10.000 jaar geleden al gefokt en gehoed in het Nabije Oosten. Nu zijn er wereldwijd meer dan 200 verschillende rassen die mensen melk, vlees, leer en vezels (en gezelschap) leveren.

rij nabij haar woonplaats Michigan. Daar vatte ze liefde op voor deze andere hoefdieren. De geiten waren slim en grappig en voelden zich tot haar aangetrokken. Ze merkte zelfs dat de dieren soms eerder dan zijzelf leken te weten dat ze een aanval zou krijgen. 'Ze raakten helemaal opgewonden; ik vermoedde al dat ik daarvan de oorzaak was,' zegt ze. Toen ontdekte ze een patroon in hun vreemde gedrag: hun kreten en plotselinge bijten leken een gezondheidscrisis aan te kondigen.

Sara besloot dat zo'n dier geweldig gezelschap voor haar zou zijn. Op de geitenboerderij was een weesbok dat zelf ook een hele reeks problemen had, net als zij. Ze had meteen een band met hem. 'Bij zijn geboorte was hij erg ziek en zijn moeder verstootte hem,' zegt Sara. 'We moesten hem die eerste week voeden met een slangetje,' en daarna een poos met de fles. Prince, zoals ze hem noemde, herstelde onder haar zorg en Sara merkte algauw dat hij een speciaal zintuig had voor haar gezondheid, nog meer dan de andere geiten. 'Toen hij pas drie weken oud was, liet hij al merken dat hij mijn lage bloedsuiker en spierspasmen aanvoelde,' zegt ze. 'Dan ging hij bijten, schreeuwen en rondrennen om mijn aandacht te trekken en ik begon hem te belonen,' zodat hij er steeds beter in werd.

*Prince voelt de lage bloedsuiker en spasmen aankomen.*

Ze verwende het dier wel een beetje: hij sliep bij haar in bed in zijn eigen pyjamaatje. Ze maakte hem ook 'verkeersmak' zodat hij kalm bleef in het openbaar. 'Veel geiten zijn schrikkerig, dus reed ik in de auto met hem rond, met keiharde heavy metal aan om hem te wennen aan harde geluiden.' Ze wilde Prince laten erkennen als officieel therapiedier, een doel dat de twee weldra bereikten.

Wetenschappers begrijpen niet ten volle waarom sommige dieren zo gevoelig zijn voor ziekten bij mensen. Waarschijnlijk zijn ze afgestemd op ongewone geuren; veel ziekten hebben een kenmerkende geur die mensen niet herkennen, maar andere dieren wel. Meestal

De kalmte die Prince uitstraalt is aanstekelijk.

moet een dier getraind worden om te reageren op een nieuwe geur, hoewel verrassend veel soorten het van nature doen. Zelfs honingbijen kunnen leren het aan te geven als ze een zweem van een specifieke geur opvangen. En regelmatig melden eigenaren van dieren spontane reacties, vaak waarschuwingen bij een verdachte geur.

Prince hoorde tot de spontane speurders. Nadat Sara dit gedrag door training had versterkt, leerde Prince dat het zijn taak was Sara te waarschuwen voor op handen zijnde problemen. 'Hij waakt ook over me als ik val,' zegt ze. 'Als hij ouder is, zal hij ook helpen met de evenwichtsproblemen die ik door zenuwschade in beide benen heb; hij zal een gewicht van 20 kilo kunnen dragen op trektochten, ritten te paard en bij het winkelen. Op zijn beurt krijgt Prince veel liefde en knuffels en heerlijke graankorrels en dierenkoekjes. Hij heeft veel bekijks in het openbaar en lijkt te genieten van alle aandacht.

Prince verblijft meestal op de boerderij waar hij werd geboren en parttime leeft als een 'normale' geit. Maar bij Sara is hij aan het werk; hij maakt haar leven een stuk gemakkelijker en leuker. 'Hij is mijn kleine held,' zegt ze. 'Hij zorgt ervoor dat ik buiten veilig ben, maakt me aan het lachen en geeft me liefde. Hij herinnert me eraan niet alles zo serieus te nemen. Hij heeft een soort blasé kalmte over zich die mij en iedereen om hem heen ook kalmeert.

De geit heeft Sara ook geleerd dat medicijnen en fysiotherapie niet alles kunnen oplossen. Ze heeft geaccepteerd dat op sommige vragen, zowel over haar eigen gezondheid als over de speciale vermogens van de geit, misschien geen antwoord bestaat. 'En dat is oké.'

'Soms,' geeft ze toe, 'komt hij met me mee naar huis en vindt het dan heerlijk tegen me aan op de bank te liggen. Hij is dol op popcorn met boter.'

*De kleine Prince.*

UTAH, V.S., 2003

# Een hond in de wolken

SOMMIGE HONDEN APPORTEREN. ANDERE KUNNEN OMROLLEN, geven op commando een poot of gaan voor iets lekkers op hun achterpoten staan.

Deze hond vliegt.

Shadow was nog maar een pup toen hij bij Dan McManus kwam. Dan zelf had toen nogal wat problemen. Hij leed al jong aan onbestemde angsten en ADD en later aan nachtmerries en ernstige paniekaanvallen. Hij had niet in een oorlog gevochten of een duidelijk trauma opgelopen, maar zijn angsten zaten diep en waren heel reëel. En naarmate hij ouder werd, vormden ze steeds meer een belemmering. Ten slotte stelde men de diagnose bipolaire stoornis.

Dan had één ding ontdekt dat hem in balans leek te houden: deltavliegen. Hij maakte in de jaren '70 kennis met deze sport en was er snel aan verslingerd. Nu heeft hij een deltavliegbedrijf in Utah. Als hij hoog boven de grond zweeft met de zon en de wind op zijn gezicht, worden zijn zorgen even klein als de mensen onder hem, zo vertelt hij. Hij kan alles achter zich laten, voelt dat hij leeft.

Maar elke keer moest hij toch weer landen. En zodra zijn voeten de grond raakten, kwamen Dans angsten terug. Hij begon zich te verdiepen in psychiatrische hulphonden. 'Ik herinnerde me hoe veilig ik me als kind voelde als ik met honden buiten was en met ze op het erf sliep,' zegt Dan. 'Die herinneringen deden me beseffen dat ik een hond nodig had.' Uiteindelijk vroeg hij zijn arts hem een therapiehond voor te schrijven om beter te kunnen functioneren. Het dier zou constant bij hem zijn, het voelen als Dans angst opkwam en helpen die te stoppen voor hij uitmondde in een echte aanval.

Shadow is een Australische veedrijvershond en letterlijk Dans constante metgezel. 'Er is geen sprake van dat ik dit dier alleen laat,' zegt Dan. 'Hij lijdt zelf aan verlatingsangst, dus neem ik hem overal mee naartoe.' De man en de hond hadden op de dag van hun eerste ontmoeting meteen een band. En Shadow leerde gemakkelijk alle vaardigheden die hij als therapiehond nodig had, zoals gehoorzaamheid en aangepast gedrag, en die hem toegang bieden tot openbare gebouwen, openbaar vervoer en dergelijke.

De rest, het 'therapiedeel', ging vanzelf. 'Shadow begon direct dingen voor me te doen en had al een kalmerend effect op me voor ik het besefte,' zegt Dan. En de hond raakte steeds meer afgestemd op de behoeften van zijn baas. 'Als ik een nachtmerrie heb, maakt

*Dan en Shadow aan het deltavliegen.*

hij me wakker voor de hartaanvalachtige symptomen ontstaan. Als in de auto paniek opkomt, gaat hij op mijn schoot liggen zodat ik weet dat ik van de weg af moet.' En als Dan zich in een grote groep bevindt, 'zit Shadow rustig naar me te kijken. Als hij ziet dat ik onrustig word, komt hij naar me toe om zich te laten aaien, wat me kalmeert.'

En dan dat vliegen. Shadow lijkt net als Dan zowel te worden geprikkeld als gekalmeerd door die uren (soms drie uur achtereen) in de wolken. 'Het begon omdat hij, als ik de lucht in ging, achter me aan rende en naar mijn enkels hapte. Ik was bang dat hij gewond zou raken als hij mijn harnas te pakken kreeg en dan losliet. Ik wist dat

Shadow is Dan's copiloot, zowel in zijn leven als in lucht.

ik hem dat gedrag moest afleren.' Dan zette de hond echter niet vast als hij ging vliegen, maar construeerde een speciaal stevig harnas voor het dier zodat Shadow mee kon vliegen. 'Het is heel veilig, hij kan er absoluut niet uit komen,' zegt hij. Dan probeerde het thuis uit; hij bond de hond erin, hees hem op zijn rug en zwaaide hem rond om te zien hoe hij reageerde. 'Hij vond het prima. Ik voorzag twee mogelijkheden: of hij zou bang zijn in de lucht en daarna wegblijven als ik opsteeg, of het fijn vinden en bij me blijven.'

Zoals te verwachten vond hij het heerlijk. 'Tijdens zijn eerste vlucht was hij dolblij,' zegt Dan. En net als een kind op de kermis wilde hij nog een keer. 'Dus het harnas weer aan en opnieuw de lucht in,' vertelt Dan. Als de hond zit vastgesnoerd achter zijn baas slaat hij zijn voorpoten om Dan heen en doet een soort hondenmeditatie. 'Hij hangt daar, snuift de geuren op en kijkt heel ontspannen rond naar de vogels. Hij lijkt te weten wat er gaande is. Hij verplaatst zelfs zijn gewicht net als ik als ik moet keren. Hij heeft echt geleerd wat hij moet doen.'

Het samen vliegen heeft een nieuwe dimensie toegevoegd aan de therapeutische relatie tussen Dan en Shadow. Maar Shadow blijft Dan nazitten bij solovluchten. Gelukkig is het nu een spelletje geworden dat beiden prettig vinden. Dan vliegt dan met opzet laag over Shadow heen om hem op te jutten. En hij staat er versteld van hoe goed de hond hem op grote afstand al herkent en weet welke vlieger de zijne is, al landen er ook veel anderen op dezelfde heuvel. 'Als ik land, staat hij me altijd op te wachten. Het is een feest voor ons allebei.'

'Shadow... zorgt voor me,' zegt Dan. 'Mensen worden het beu steeds te vragen en te horen hoe je je voelt, vooral als ze er zelf geen ervaring mee hebben. Maar ik weet dat Shadow er is om bij me te zitten, met me te spelen, mijn gezicht te likken of wat extra liefde te geven. Door hem voel ik me gewoon beter, wat een enorme overwinning voor me is, en dat kun je een hond niet aanleren.' Shadow is Dans dappere copiloot, zowel in het leven als in de lucht. 'Als ik met hem vlieg, komen de twee constanten in mijn leven samen. Een betere therapie is er niet.'

### SLIMME HERDER

**Een andere Australische veedrijvershond, Skidboot, die vaak 's werelds slimste hond werd genoemd, hielp zijn baas bij diens werk als hoefsmid tot ze werden ontdekt en gingen optreden. Skidboot was te zien in de Oprah Winfrey Show waar hij zijn vaardigheden en slimheid demonstreerde. In 2007 stierf hij aan ouderdom.**

*Jesse Knott met Koshka in Afghanistan.*

Afghanistan en Oregon, V.S., 2010

# De infanteriekat

'ELKE SOLDAAT KOMT GEWOND UIT DE OORLOG,' SCHREEF de Argentijnse auteur José Narsky voor een toespraak op Veteranendag in 2010. Mensen als Jesse Knott weten dit maar al te goed. Jesse nam dienst in het leger in 2006, nadat hij het verhaal had gehoord van een marinier in Fallujah die tijdens een hinderlaag zijn dekking verliet om een vriend te zoeken die bij de aanval was gedood. 'Ik vond dat ik erheen moest, iets moest doen,' zegt hij. Hij koos voor de infanterie, waar ze met de 'laarzen op de grond' staan, 'want als ik het ging doen, zou ik ook tot het uiterste gaan.' Inmiddels kan hij meepraten over de zowel fysieke als diepe emotionele wonden die een oorlog achterlaat.

Hij zal je ook vertellen dat in oorlogstijd de kleinste genoegens geschenken zijn die kunnen voorkomen dat je je ziel verliest. Zijn eigen geschenk, dat hem tijdens de ergste momenten van zijn leven overeind hield, was een armzalig verwilderd katje. Als er één kat een oorlogsheld is, zegt Jesse, is het Koshka.

*Koshka was de mascotte voor Jesse's legereenheid.*

Tijdens zijn eerste missie naar Irak raakte Jesse gewond door een bermbom. Dat weerhield hem er niet van in 2010 met zijn mannen naar Afghanistan te gaan. En in een kleine afgelegen buitenpost bij het plaatsje Maywan maakte Koshka haar opwachting.

'Ik groeide op met katten en was altijd al dol op ze,' zegt Jesse. En toen hij pas in Maywan was, merkte hij er rond de basis een paar op die zo aardig waren de muizen en ratten eronder te houden. Maar één in het bijzonder, een tijgerkatje met groene ogen, trok naar Jesse toe, misschien vanwege de stukjes vlees en de krabbels onder de kin die het van hem kreeg. Voor Jesse was het dier een heerlijke afleiding van het gevaar, de angst en heimwee.

De kat was door iemand mishandeld. Op een dag zag Jesse pijnlijke plekken waar de kat was geraakt door een scheermes en een andere keer hinkte hij rond op een gescheurd voetkussentje. Uitkijkend naar de dader nam hij de kat op om er zelf voor te zorgen. Vanwege zijn eerdere verwondingen liet men hem werken aan inlichtingenprojecten, dus hij had een kantoor, de perfecte plaats om zijn huisdier te houden.

'Het verbaasde me dat dit wilde kleine ding zich door me op zijn rug liet leggen om zijn wonden te behandelen,' zegt Jesse. De kat, die hij Koshka (Russisch koosnaampje voor 'poesje') noemde, bleek erg slim te zijn. 'Hij gaf zelfs aan dat hij een kattenbak nodig had door liever te miauwen en aan de deur te krabben dan het kantoor te bevuilen. Jesse maakte er een van een kistdeksel en wat zand van buiten. Deze wilde kat gedroeg zich al gauw erg gedomesticeerd. En eigenlijk wilde ik hem alleen maar weg hebben, naar huis,' zodat hij veilig zou zijn.

Een Afghaanse organisatie voor zwerfdieren in Kabul zou hem wel willen opnemen en naar de V.S. sturen, maar eerst moest de kat in Kabul zien te komen. Steeds als een helikopter met voorraden op de basis landde, probeerde Jesse de bemanning over te halen de kat mee terug te nemen naar de hoofdstad. Maar dat bleek niet eenvoudig.

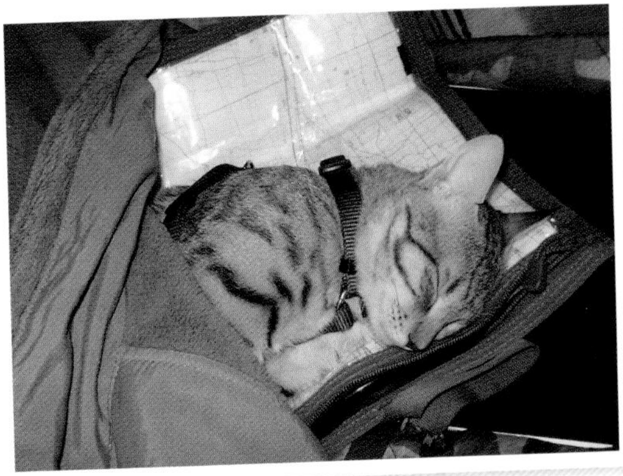

*De kitten vrolijkte de soldaten op.*

En toen kwam er tragisch nieuws dat voor Jesse een enorme schok was. 'Die decembermaand werden twee van mijn mannen, mijn vrienden, gedood bij een zelfmoordaanslag. Ik draaide door. Ik

Koshka en Jesse.

voelde me... op. Ik kon het niet meer aan en wilde er echt een einde aan maken. Ik had een plan en alles. Ik wilde dood.'

Koshka was die vreselijke dag bij Jesse. Toen Jesses emoties hem overspoelden, voelde de kat het verdriet van zijn vriend aan en leek te weten wat hij moest doen. 'Hij bleef me maar kopjes geven, hij wilde me niet alleen laten,' vertelt Jesse. 'En hij spinde. Dat had ik hem nog nooit horen doen. Hij bleef mijn gezicht aantikken met zijn poot, met zijn staart langs me strijken en toen krulde hij zich luid spinnend op mijn schoot op. Dat was genoeg om me bij zinnen te brengen, terug in de werkelijkheid. Ik besefte: dat kan ik mezelf niet aandoen. Ik heb andere verantwoordelijkheden. Ik moet me vermannen.'

'Hij redde die avond mijn leven,' zegt Jesse. 'Geen twijfel mogelijk. En daarna werd het mijn missie hem hoe dan ook dat land uit te krijgen.'

Intussen bleef Koshka hulp bieden, niet alleen aan Jesse, maar ook aan andere militairen. 'Hij was geweldig. Soms kwamen soldaten helemaal kapot terug van patrouilles; dan hadden ze zes uur gelopen in vreselijke hitte met een bepakking van 50 kilo op hun rug. Voor ze naar hun verblijf gingen, kwamen ze dan even langs om met de kat te spelen. Koshka werd de mascotte van onze compagnie. Iedereen vond het leuk hem te komen opzoeken.'

'Je wordt hard als je wordt ingezet in de oorlog,' vervolgt Jesse. 'Het spreekt uit je ogen en je hart. Maar ik zag hoe soldaten met dit katje speelden en hoe er dan een glimlach verscheen, er weer warmte in hun blik kwam. Het effect van dit schattige diertje was enorm. Het voelde geweldig deze soldaten iets terug te geven dat ze waren kwijtgeraakt, ze eraan te herinneren dat het leven meer was dan wat ze nu ervoeren.'

Ten slotte, na eindeloze telefoontjes en smeekbeden, had Jesse succes. Een tolk die een hond naar Kabul bracht wilde Koshka ook wel meenemen. Het was een lange, moeilijke reis per bus en vliegtuig en met veel wachten op vliegvelden. Maar uiteindelijk redde Koshka het niet alleen naar Kabul, maar ook naar New York en vervolgens naar Jesses ouders in Portland, Oregon.

Jesse was eerst van plan Koshka zelf in huis te nemen als hij uit dienst kwam maar, zegt hij, 'toen ik zag hoe gelukkig hij was bij mijn ouders, hoeveel ze van hem hielden, besloten we hem daar te laten.' En Koshka, de kat die de militair redde met zijn perfect getimede gespin, is daar nog altijd.

## KOSHKA'S HERKOMST

**Het Nowzad-asiel in Afghanistan redt zwerfhonden en -katten en streeft ernaar dieren te herenigen met de Amerikaanse en Britse militairen die een band kregen met deze dieren tijdens hun missies in het buitenland.**

KONG

UTRECHT, NEDERLAND, 2014

# De beste speurders van Nederland

ZE ZIJN SNELLER DAN DE POLITIE EN SLIMMER DAN DE recherche. De speurders van Signi Zoekhonden worden op pad gestuurd als er in Nederland iemand vermist wordt of als er in een ver land een ramp is gebeurd. Maar superzoeker word je natuurlijk niet zomaar. Elke week krijgen de honden een uitgebreide neustraining. Redacteur Bouwien Jansen mocht een dag meelopen met deze dierenhelden. 'Zoek Bouwien!'

Bij een grote afvalberg in de buurt van Utrecht staan twee geurrechercheurs in de startblokken. Zwiepstaarten, popelpoten, trilneusjes: labrador Ocean (7) en herdershond Scanner (8) kunnen haast niet wachten op hun wekelijkse training. Maar dat moeten ze wél. 'Gaan jullie maar naar binnen', gebaart trainster Esther van Signi Zoekhonden. Dan ga ik de jassen verstoppen. Die jassen zijn niet zomaar een paar kledingstukken. Er zit een luchtje aan. 'De geur van menselijke resten', legt Esther uit. Dat klinkt vies, maar het valt reuze mee. 'Het zit bijvoorbeeld aan haren, tanden, huid', legt trainer Saad uit. 'Ik moest laatst mijn verstandskies laten trekken. Toen zei ik tegen de tandarts: 'Geef die maar mee in een potje, vriend. Daar kunnen mijn honden goed mee oefenen.'

*Scanner in actie.*

Terwijl Saad met de dieren en collega Janette naar binnen gaat, loopt Esther met de jassen naar een enorme berg puin. 'Hier wordt allemaal sloopafval gestort', legt Esther uit. 'Mooi hè? Het is net een aardbevingsgebied!' Ze klautert omhoog en verstopt de jassen onder de brokken steen. Dan roept ze heel hard: 'De lijken liggen klaahaar!' Saad grijnst naar Janette. Met de honden lopen ze naar buiten. 'Zoek', is het enige wat Saad hoeft te zeggen. Ocean stuift de berg op. Als een supersnelle zoekmachine glijdt zijn neus over de brokken steen. Binnen een minuut blijft hij stokstijf staan. 'Hij heeft 'm', fluistert Esther. 'Daar ligt er eentje onder.' En ja hoor: 'Waf!' blaft Ocean. Hebbes, betekent dat. Als beloning krijgt hij een bal en een aai van Saad.

Dan is Scanner aan de beurt. 'Hij gaat een levend persoon zoeken', vertelt Janette. 'Want dat moeten onze honden natuurlijk óók kunnen. Wie wil zich verstoppen?' Ik steek mijn hand op en krijg meteen een helm in mijn handen gedrukt. 'Klim daar maar naar boven', wijst Esther. Als een echt aardbevingsslachtoffer ga ik tussen de stenen liggen. 'Zoek Bouwien', roept Janette helemaal aan de andere kant van de berg. Een poosje is het heel stil. Dan hoor ik ineens gehijg en hangt er een enorm blije hondenkop boven mijn hoofd. 'Waf!' doet Scanner. 'Goed zo', roept Esther. 'Geef hem de bal maar!'

'We worden elke week wel gebeld, omdat er ergens in Nederland iemand vermist wordt', vertelt Esther. 'Soms zoeken we in het water, soms in het bos. Dat is spannend, verslavend en droevig tegelijk.' Regelmatig vinden de honden iemand terug. 'Meestal is die persoon al overleden', vertelt Janette. Dat klinkt rot, maar toch zijn veel mensen er ontzettend blij mee. 'Want als er iemand kwijt is van wie je veel houdt, blijf je maar zoeken', legt Esther uit. 'Het is goed om iets af te sluiten, om afscheid te nemen.'

Scanner en Ocean werken niet alleen in Nederland. 'De tsunami in Thailand, de aardbeving op Haïti, de tyfoon op de Filipijnen,' somt Saad op, 'we zijn er allemaal geweest.' Tijdens zo'n rampreis sporen de dieren vaak wel vijftig mensen op. 'Vaak zijn die al overleden', vertelt Saad. 'Maar heel soms leven ze nog. Samen met een Turks en een Frans zoekteam vonden we op Haïti een meisje onder het puin. Ze lag er al een week, maar ze leefde nog. Ze zong zelfs.'

'Het is echt zo speciaal wat onze dieren met hun neus kunnen', zegt Esther. 'Ik doe dit al twintig jaar, maar ik vind het nog steeds een mysterieuze wereld. Honden ruiken geuren waar wij niks van snappen. Hoe kun je nou iemand vinden onder een ingestort gebouw van tien verdiepingen hoog? En hoe herken je een luchtje als alles na een tsunami door elkaar is gehusseld en stinkt?' Saad knikt en aait Ocean over zijn kop. 'Ja, die neus', zucht hij. 'Het is gewoon kicken!'

*Deel drie*

# Helden met een visie

## *Nu iets goeds doen voor later*

'Helden geven hoop.'

— *Amit Kalantri*

DIT ZIJN DE DIEREN DIE ONBEWUST BIJDRAGEN AAN HET GROtere plaatje, hetzij door onverwachte vermogens aan de dag te leggen die mensen later ten goede kunnen komen, hetzij door hun rol in een natuurbeschermingsproject. Zij zijn helden van een andere soort, maar niettemin helden.

Toola knuffelt met
een wees.

**CALIFORNIË, V.S., 2001**

# Zeeotters *als* supermama's

ALS JE DIT LEEST, ZWEMMEN ER ZEEOTTERS ROND VOOR DE kust van Californië, Washington, Alaska, Canada en Rusland. Een paar liggen misschien te zonnen nabij Japan. Deze zeezoogdieren met hun grappige snoetje en dichte vacht, die verwant zijn aan stinkdieren en wezels, kwamen vroeger veel voor in de noordelijke Grote Oceaan. Maar otterpelzen zijn warm, luxueus en waterafstotend. Dus werden zeeotters vanaf circa 1750 bejaagd door avontuurlijke zeelieden en aan het begin van de 20ste eeuw waren hun populaties bijna verdwenen. Zeeotters zijn al decennia wettelijk beschermd, maar de zuidelijke groep voor de kust van Californië telt nog maar 2900 dieren waar het er vroeger 20.000 waren. De noordelijke populatie is groter met circa 80.000. Toch leefden daar vroeger ruim 1 miljoen zeeotters.

Joy (links), de voortreffelijke moeder.

Personeel dat met otters werkt bij het Monterey Bay Aquarium in Californië is daarom op zoek naar manieren om de zuidelijke groep in stand te houden. Het is een leerproces met vallen en opstaan. Soms mislukt het, soms is er succes. Door gestrande dieren te redden en te genezen en nieuwe te fokken hopen ze echter een programma te ontwikkelen dat uiteindelijk de populatie zal helpen groeien.

Elkhorn Slough is een getijdemoeras en riviermond van ruim 10 kilometer lang ten noorden van Monterey Bay. Door het kalme water en de talloze schelpdieren, krabben en andere smakelijke ongewervelden die er leven is dit een paradijs voor zeeotters. Daarom worden er gezonde dieren uitgezet en gevolgd. Jarenlang werden zulke jonge otters op hun vrijlating voorbereid door biologen; ze namen ze zelfs mee het moeras in en probeerden ze te leren hoe ze moesten duiken en voedsel moesten zoeken. Ze deden hun best, maar wisten dat babyotters het best leren van hun eigen moeder.

Otterpups vragen veel aandacht. Ze worden compleet hulpeloos geboren en net als kurken die op het wateroppervlak drijven, hebben ze geen echte controle over hun bewegingen. Twee ottermoeders, Toola en Joy, de heldinnen in dit verhaal, lieten de biologen zien hoe je een otter moet bemoederen.

Het pleegmoederprogramma begon in 2001 met een twee weken oud mannetje, dat in Monterey Bay was gestrand (en in shock op de kust lag). Toola was de eerste moeder die de zorg kreeg voor een baby die niet van haar was. Ook zij was gestrand en het aquarium had haar opgenomen om de oorzaak te achterhalen. Ze had een akelige parasiet die levenslange behandeling vergde, waardoor ze niet in het wild kon worden uitgezet. Ze had pas een doodgeboren jong gekregen (waarschijnlijk ook geïnfecteerd) en zwom ermee rond in haar armen, niet bereid het op te geven.

*Toola zegt gedag.*

Toen echter de kleine moederloze otterpup in haar bassin werd gelegd, accepteerde ze hem direct. Ze kon eindelijk haar dode jong loslaten en liet deze nieuwe pup bij zich drinken. Hij verorberde gretig de melk die Toola's lijf had geproduceerd voor haar eigen pup. Het was het eerste teken van succes.

Moederheldin nummer twee: Joy. 'Klein postuur, groot hart, nog grotere persoonlijkheid,' schreef Karl Mayer, coördinator dierenverzorging voor het Onderzoeks- en conservatieprogramma voor zeeotters bij het aquarium, in een nieuwsbrief. Joy was zelf gestrand als baby, opgenomen en grootgebracht op de oude manier (waarbij mensen haar leerden wild te zijn) en toen uitgezet. Maar ze was te zeer gewend geraakt aan mensen. Ze speelde met duikers en klom zelfs op surfplanken.

Het aquariumteam probeerde haar naar meer afgelegen gebied te verplaatsen, wel 120 kilometer verder, maar ze was steeds binnen 48 uur terug. Ten slotte kwam ze voorgoed terug in het aquarium. Het was het eind van Joys periode als wilde otter, maar het begin van haar speciale rol als pleegmoeder. Gelukkig bleek haar moedergedrag even heroïsch als dat van Toola. De twee dieren samen hebben circa dertig otterpups grootgebracht, de meeste voor uitzetting in het wild.

Wanneer is een otter een goede moeder? 'Ze zal de pup beschermen,' zegt Karl. 'Komt ze een net tegen, dan zal ze haar jong ervan weg leiden. Ze draagt de pup op haar borst, poetst het en deelt er voedsel mee. En natuurlijk laat ze het drinken, ook al heeft ze geen melk.' Zowel Joy als Toola zorgde wel vijf maanden voor elke behoeftige pup.

*Joy bondt met een nieuwe pup.*

Joy leek te gedijen in haar moederrol. Karl noemt haar 'de volleerde moeder'. Soms zorgde ze voor twee baby's tegelijk die ze evenveel aandacht gaf. In totaal bemoederde ze zo'n twintig pups. 'Ze verdroeg alles wat we van haar vroegen en dat was veel. Zelfs een band vormen met één pup kan al zwaar zijn,' zegt Karl. Het viel niet altijd mee met het dier te werken. Een trainer, bebloed door zijn poging Joy te scheiden van een baby voor de dagelijkse zwempartij, noemde haar 'een pitbull'. Maar die felle beschermingsdrang hoorde misschien gewoon bij haar voortreffelijke moederrol. Haar eerste pleegkind nu elf jaar, een gezond mannetje met een territorium in Elkhorn Slough. Twaalf andere 'oud-leerlingen' van Joy zijn ook uitgezet in het wild.

### ZEEOTTERBANDEN

**Door hun vacht hebben zeeotters een geweldig drijfvermogen, zonder dat ze op drift raken. Als een moederotter jaagt, gebruikt ze soms zeewier als oppas: ze wikkelt het jong erin zodat het niet wegdrijft. Ook draagt ze het wel op haar borst of sleept het behoedzaam voort met haar bek.**

Toola was wilder van aard dan Joy. Ze was ze eerst bereidwillig, later bemoederde ze weesjes met meer tegenzin. Maar uiteindelijk accepteerde ze elke baby en beschermde en verzorgde die. 'Haar moederlijke kant was solide als ze een pup eenmaal accepteerde,' zegt Karl. Tot Toola's successen horen elf van de dertien weesjes die sinds 2001 in het moeras zijn uitgezet, de laatste niet lang geleden. En tot nog toe hebben twee van haar vrouwelijke pupillen zelf pups in het wild grootgebracht.

Deze twee supermama's, zegt Karl, plus de inspanningen van het personeel, 'stelden ons in staat te komen waar we nu zijn.'

Door wat Toola en Joy het zeeotterteam leerden, kunnen in de nabije toekomst wellicht andere pleegouderotters helpen pups te redden die zijn achtergebleven na een door mensen veroorzaakte (zoals olievervuiling) of natuurlijke ramp. Dit kan voorkomen dat de populatie sterk terugloopt. Het is een van de vele heldendaden van deze mama's: ze houden hun soort in stand, met één behaard babysnoetje tegelijk.

*Wicket met Zambiaanse natuurbeschermers.*

MONTANA, V.S., 2005–HEDEN

# *De* honden *die met hun* neus soorten redden

WICKET IS ÉÉN BROK ENERGIE VERPAKT IN EEN KORTE zwarte vacht. Haar oren en neus bewegen, haar atletische spieren zijn startklaar en gespannen, maar haar ogen blijven gericht op haar begeleider. Als ze het commando krijgt, weet Wicket wat ze moet doen. Met haar neus op de grond begint de labrador te zoeken, efficiënt en deskundig snuffelt ze door de bladeren. Er zijn overal afleidingen maar Wicket blijft gefocust.

Ineens gaat ze zitten, het teken dat ze iets gevonden heeft. Aimee Hurt komt dichterbij en kijkt rond, maar ziet niets. 'Waar is het dan, meisje?' vraagt ze. Wickets neus duikt weer naar de grond en als haar kop weer omhoog komt heeft ze iets in haar bek. 'Het is een wolfslak, circa 2 millimeter lang,' zegt Aimee. Dat is kleiner dan een vlo. Het is de soort waarnaar ze op zoek zijn, een exotische slak die sinds de jaren '30 van de vorige eeuw driekwart van Hawaii's inheemse slakken heeft uitgeroeid. Zo'n klein exemplaar 'was een verrassende vondst,' zegt ze.

Slakken opsporen lijkt misschien een makkie. Tenslotte beweegt het doel niet bepaald snel en lijkt het in het grote geheel nauwelijks van belang. Maar voor een natuurbeschermer die inheemse soorten en habitats wil behouden, is het essentieel de vijand te vinden, of het nu een slak is of iets wat duidelijker een bedreiging vormt.

Speurhond Pepin wacht op zijn orders.

Hoe dan ook, Wickets speurtalent gaat veel verder dan slakken. Ze kent twintig verschillende dieren- en plantengeuren zodat ze overal ter wereld heeft kunnen helpen bij natuurbehoudprojecten. Met circa 60.000 vliegmijlen is het jammer dat ze geen frequent-flyerpunten kan verzamelen. Ze kan de poep van zwarte en grizzlyberen, wolven en bergleeuwen vinden. Ze kent de geur van de bedreigde woestijnschildpad in Californië en spoort franklingrondeekhoorns op (wetend dat ze ze niet mag opjagen). Ze heeft de geur gevolgd van mest van de Aziatische zwarte beer in China en van de Cross Rivergorilla in

Lily, een andere natuurbeschermer.

Kameroen. En toch kan ze ook nog de nietige slak vinden die Hawaii is binnengedrongen.

Wicket hoort bij de groep Werkhonden voor natuurbehoud (WDC) in Three Forks, Montana, waarvan Aimee mede-oprichter is. De speurhonden van deze groep worden ingezet bij twee soorten projecten. De eerste wil het aantal dieren tellen in een populatie of uitzoeken hoe ze het landschap gebruiken; deze informatie helpt bij het oplossen van conflicten tussen ontwikkelaars en natuurbeschermers. Het andere type project richt zich op exotische soorten, dieren die ergens leven waar ze niet thuishoren; zo kunnen wetenschappers ze vinden en verdrijven. In beide gevallen wordt het beste resultaat verkregen door zo snel mogelijk zoveel mogelijk uitwerpselen te lokaliseren.

Simpel gezegd: honden focussen zich beter, sneller en vaker op poep (en andere geuren) dan mensen. Hun neus is tienduizenden keren gevoeliger dan de onze, met heel veel meer reukreceptoren. Een hond kan één geur onderscheiden uit een hele mix en zich focussen op bijvoorbeeld een keuteltje 9 meter van het pad. Een mens zal dat met het oog pas opmerken als het circa een meter van hem af ligt. En zelfs voor een hond is Wicket buitengewoon goed in haar werk. 'Ze kent meer dierengeuren dan enige andere hond in het programma,' zegt Aimee. 'En ze is altijd werkwillig. Ze heeft een heel sterke drive.'

De WDC traint zijn honden op dezelfde manier die ook wordt gebruikt bij drugs- of bomhonden, met een bal als beloning. 'Alleen hebben wij wat speciale uitdagingen,' legt Aimee uit. Anders dan de meeste speurhonden die aangelijnd meelopen met een begeleider en veel pauzes krijgen, 'werken onze honden lang achtereen los in de wilde natuur. Alleen unieke honden laten zich niet afleiden en laten wilde dieren met rust,' zegt ze. Bij het zoeken van honden voor dit werk, vertelt ze, 'zit er onder duizend honden maar één geschikte kandidaat.'

Wicket, die een 'gekke' reddingshond was toen Aimee haar ontmoette, pikte het werk meteen op. Ze was leergierig, enthousiast en slim. Ze is de 'rechterhand' van Aimee geworden. Minstens de helft van de doelen waarvoor Wicket is getraind is iets wat geen hond ooit eerder heeft opgespoord.

Een voorbeeld: in Zuid-Afrika vond ze een van de zeldzaamste schildpadden ter wereld, de geometrische landschildpad, en spoorde een uit beeld geraakt wijfje op dat ooit een zendertje droeg zodat wetenschappers haar konden volgen (het was eraf gevallen).

Nu is Wicket aanvoerder in een nieuw project. De WDC nam zijn honden mee naar Zambia in Afrika om de strikken op te sporen waarmee stropers bedreigde dieren vangen voor het vlees en de handel. Aimee zegt dat haar organisatie voor de training echte strikken uit Zambia kreeg. Eenmaal in het veld zouden de honden dan extra geuren leren die verband houden met de strikken: menselijke geuren.

Met haar neus op de grond ging Wicket echter verder. Aimee

### FEITEN OVER POEP

Het opsporen van poep levert veel informatie zonder dat echte dieren gevangen hoeven te worden (met alle stress van dien). Wetenschappers halen massa's gegevens uit poepmonsters, zoals DNA, hormonen en parasieten en ziekten.

vertelt dat bomen waar strikken in zijn gehaakt wonden oplopen en een bepaalde geur afgeven. Hetzelfde geldt voor takken en twijgen die zijn vertrapt. Zonder enige specifieke training 'begon Wicket zich te richten op afgebroken takken en gewonde bomen, maar niet als olifanten de oorzaak waren. Ze vond de gecombineerde geuren van de metalen plus mensenhanden die ons naar de strikken zelf leidden. Dat was echt speurderswerk!'

Tijdens de maand dat ze in het gebied werkten, ging in het dorp het gerucht rond dat de honden niet alleen strikken, maar ook de stropers konden opsporen. 'Dat schrikt stropers voorlopig af en dat is erg waardevol,' zegt Aimee.

Als extra bonus sloot Wicket vriendschap met de kinderen in het dorp. 'Zij kennen alleen plaatselijke honden die niet gewend zijn aan spelen en aandacht,' zegt Aimee. Straathonden worden vaak geschopt en gepest en kinderen leren niet voor ze te zorgen. 'Dus als ik hen uitnodig Wicket te aaien of met haar te spelen, zien ze dat je ook op een andere manier met dieren kunt omgaan.' En het feit dat kinderen dan leren aardig te zijn voor andere schepselen? Dat zou nog het mooiste resultaat zijn.

*Surrogaatmoeder Amelie met een van haar zwartvoetkittens.*

Louisiana, V.S. 2011

# Huiskatten *met een* wilde taak

ALS JE TOEVALLIG EENS OP JE BUIK IN GRASLAND IN ZUID-Afrika ligt, vang je misschien een glimp op van de kleinste kattensoort op het continent, de zwartvoetkat, rondsluipend op jacht naar knaagdieren en op de grond broedende vogels. Maar die kans is niet groot. Ze zijn niet alleen erg klein (volwassen wijfjes wegen slechts circa 2 pond), maar ook uiterst zeldzaam. Er zijn wereldwijd naar schatting tienduizend wilde volwassen dieren over. Dat lijkt misschien veel, maar als je het hebt over een hele diersoort is het erg weinig.

Het probleem voor dit soort katten is dat grazende dieren hun habitat opeten en mensen gif neerleggen voor andere schadelijke dieren en zo per ongeluk ook katten doden. Volgens wetenschappers nemen de aantallen van deze katten dan ook af.

Zijn er manieren om deze dieren te helpen, er meer van te krijgen zonder wilde exemplaren te vangen om ermee te fokken? Naar blijkt werkt de methode waarmee bij mensen op gecontroleerde wijze een zwangerschap in gang wordt gezet, de zogenoemde in-vitrofertilisatie (IVF), ook bij katten. Wetenschappers in New Orleans hebben ontdekt dat ze op deze wijze embryo's van bedreigde katten kunnen creëren. Ze verzamelen eitjes van een zwartvoetkatwijfje en plaatsen die in de baarmoeder van een doodnormale huiskat.

Dan bevruchten ze die eitjes met ingevroren sperma van een mannelijke zwartvoetkat. Het centrum kan embryo's van bedreigde katten ook invriezen voor later gebruik. Zo kan het heel veel zwartvoetbaby's maken zonder dat daarvoor zwartvoetouders nodig zijn. Dit is goed nieuws voor alle kleine, zeldzame en kwetsbare katachtigen waarvan de populatie misschien ooit een oppepper nodig heeft.

Bij het Audubon-Centrum zijn twee grote ruimten met allerlei zachte slaapplekjes, speelgoed en krabpalen ingericht als verblijf voor een kolonie van zo'n honderd huiskatten, allemaal wijfjes. Gestreepte, gevlekte, rode en lapjeskatten: het is een echte poezenmenagerie. Daarvan is Amelie, een kortharige huiskat, de supermama. 'Ze is in feite wat schuw tegenover mensen, maar erg lief,' zegt beheerder Karen Ross, die zorg draagt voor vele dieren in het centrum. 'Het duurt even voor ze je vertrouwt, maar dan komt ze zo naar je toe. Ze vindt het heerlijk als je haar onder de kin krabbelt.' Typisch een kat dus.

*In het wild leven zwartvoetkittens met hun moeder in een hol.*

Minder typisch is dat Amelie onlangs het leven heeft geschonken aan een kerngezonde zwartvoetkitten, Crystal, met een gewicht van 65 gram en het formaat van een flinke gehaktbal. En als ze al merkte dat Crystal een beetje 'anders' was (veel sneller groter en sterker werd dan de gewone huiskat), dan weerhield dat haar er niet van het kleintje de eerste weken te zogen en te verzorgen.

Eerst zaten de twee bij de rest van de groep, 'maar we merkten dat de kitten, nog voor haar ogen open waren, gestrest raakte van alle drukte in het hoofdverblijf; ze blies en raakte overstuur als de verzorgers in en uit liepen. Dus verplaatsten we Amelie en Crystal naar een eigen kamer,' zegt hoofdonderzoeker Earle Pope. 'In het wild leven zwartvoetkittens afgezonderd in een nest met mama, dus het was logisch ze hun eigen verblijf te geven.'

Amelie was echter erg sociaal rond soortgenoten en wilde kennelijk moederen in het openbaar. 'Amelie ontdekte dat ze de deur kon openen door op de deurkruk te springen,' zegt Karen. 'Ze is erg slim! We moesten de deur op slot doen om de speciale baby binnen te houden.' Toch was ze 'een geweldige moeder,' zegt Earle. 'Ze bracht

*Het in gevangenschap fokken van zwartvoetkatten is veelbelovend.*

de kitten groot zonder dat ze bijgevoerd hoefde te worden en Crystal doet het prima.'

Uiteindelijk werden de twee gescheiden om Amelie te beschermen tegen de nu al te gretige baby. Bovendien eten 'exotische dieren vlees en muizen en zo, geen standaard kattenvoer,' legt Karen uit. Dus toen Crystal was gespeend, werden ze apart gevoerd. Maar ze speelden nog wel samen en Amelie accepteerde de wilde aard van haar jong, dat ruw op haar sprong en in haar oren beet.

Dit is echter niet de eerste demonstratie van een hybride kruising, dat wil zeggen dat een diersoort het leven schenkt aan gezonde nakomelingen van een andere soort. Die eer komt een nest woestijnkittens toe dat in 2008 werd geworpen door een huiskat. Later werd er met een soortgelijk succes via IVF een Afrikaanse wilde kat verwekt in de baarmoeder van een huiskat.

Maar dit geval is vooral zo speciaal omdat, anders dan de Afrikaanse wilde kat die een vrij solide populatie kent, de zwartvoetkat in gevaar is zodat fokken in gevangenschap van groot belang is. En nu zoveel grote katten worden bedreigd (zoals leeuwen, tijgers en cheeta's), is Amelies succes als surrogaatmoeder erg bemoedigend.

Helaas kan de gemiddelde huiskat niet het leven schenken aan leeuwen en tijgers; daarvoor verschilt het formaat te veel. Maar het succes van de methode betekent dat vooruitgang wordt geboekt met hybride kruisingen met dit doel.

'Het werk dat Amelie heeft gedaan is een klein, maar belangrijk stukje van de puzzel,' zegt Earle. 'Als we vooruitgang blijven boeken met deze methode, kan ze een rol spelen bij het behoud van bedreigde katten en specifieke genen beschermen die van belang zijn om deze populaties in stand te houden.'

### HYBRIDE VOORTPLANTING

Soortgelijke embryotransplantaties waren ook succesvol bij andere diersoorten. Zo schonk een melkkoe het leven aan een gaur (een wilde os uit Zuidoost-Azië) en een elandantilope aan een bongo.

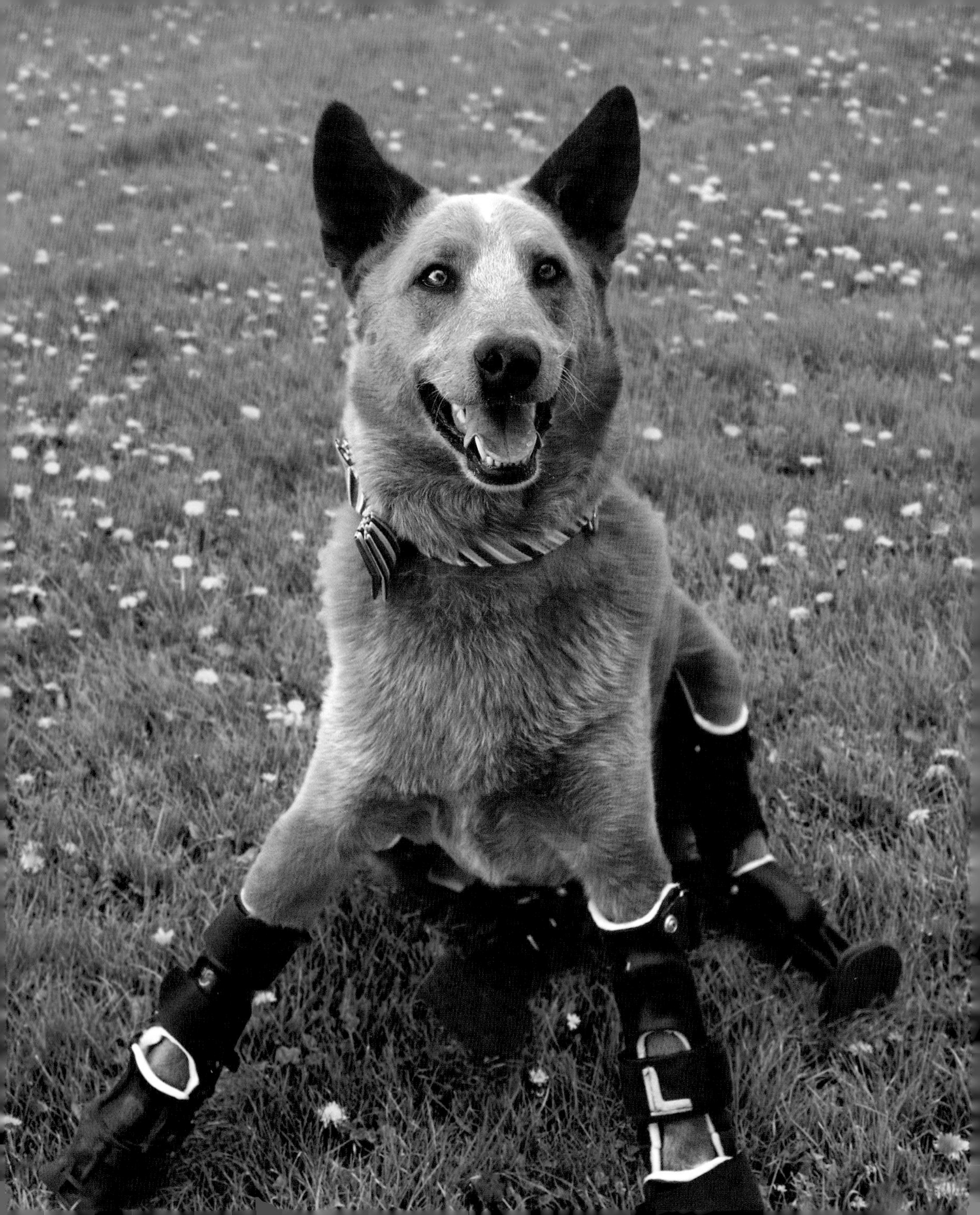

NEBRASKA, V.S., 2010

# De bionische hond

'IN ALLES ZIT EEN BEETJE MAGIE, EN WAT RAMPSPOED VOOR het evenwicht.' Dit is een regel uit een song van Lou Reed, die me doet denken aan een lieve pup met de naam Naki'o. In zijn geval kwam er eerst veel rampspoed en toen precies de juiste hoeveelheid magie. De rampspoed keerde kort terug, tot de magie het weer overnam. En door dit alles heen behield deze hond zijn vrolijke en, ja, heldhaftige aard.

Als kleine pup werd Naki'o in 2010 met zijn broers en zusjes ontdekt in een ijskoud souterrain in een huis in Nebraska. De eigenaren hadden hun hond zwanger of met pasgeboren jongen achtergelaten. De moeder overleefde het niet, maar toen hulpverleners arriveerden, troffen ze haar pups, een kruising van een Australische herder, als door een wonder nog in leven en piepend aan. Een ervan was er echter slecht aan toe: zijn voeten zaten vastgevroren aan een bevroren plas op de keldervloer.

Alle vier zijn voeten moesten worden geamputeerd om zijn leventje te redden. Voor een dier dat is gebouwd om te rennen en te spelen had dit verlies rampzalig kunnen zijn en hem ongeschikt kunnen maken voor adoptie. Toen kwam echter het eerste sprankje magie.

Christie Pace zocht op een website voor asieldieren toen ze stuitte op Stubby (zoals hij toen heette) en zijn zielige verhaal. 'Die dag zat ik gewoon wat te surfen om een idee te krijgen wat voor soort hond ik zou willen adopteren, niet speciaal om er een uit te zoeken.' Maar toen ze de foto zag en Stubby's geschiedenis las, 'was ik verkocht. Ik ging hem bekijken en hij was dolblij, hij rende op zijn stompjes en sprong op m'n schoot om me te likken.' De hond was ook een deel van zijn staart, een stukje neus en een stuk oor kwijt door bevriezing, maar deze littekens droegen eerder bij aan zijn charme. 'Natuurlijk nam ik hem mee naar huis,' zegt Christie.

Dat Stubby speciale zorg behoefde schrok Christie niet af. Ze was dierenartsassistente en mocht hem elke dag meenemen naar haar werk. Bovendien was hij erg vrolijk en leek zich weinig bewust van zijn ontbrekende voeten; ook zonder kon hij zich prima voortbewegen. Eén poot was slechter dan de andere en Christie vermoedde dat daar mettertijd iets aan zou moeten gebeuren, maar voorlopig redden ze het samen.

Toen Stubby, die Christie omdoopte tot Naki'o, het Hawaïaanse woord voor 'plasje', groter werd en zijn botten uithardden, begon hij last te krijgen van zijn handicap. De nieuwe naam van de hond verwees naar de geboorteplaats van zijn eigenaar, de oorzaak van zijn verwondingen en zijn 'vergissingen' tijdens de zindelijkheidstraining. Hij werd ook zwaarder. 'Ik moest hem overal heen dragen, in de auto tillen en de trap op dragen,' zegt Christie. 'We konden niet echt samen wandelen en als hij buiten speelde, moest hij op het zachte gras blijven. Dragen was prima toen hij klein was, maar hij was intussen ruim 20 kilo, dus het werd moeilijk!'

Christie gebruikte een wandelwagen en een rood karretje om de

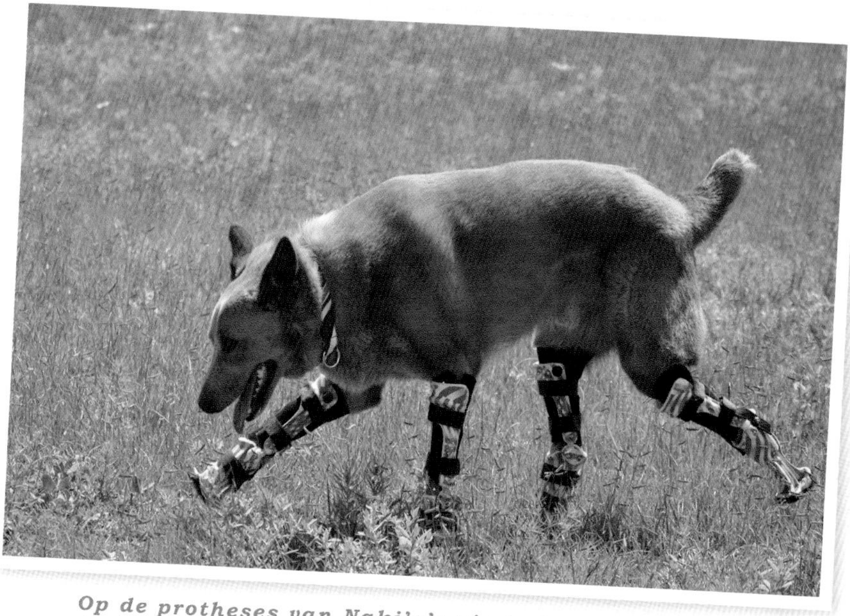

*Op de protheses van Naki'o's zie je de Amerikaanse vlag om een eerbetoon te geven aan de veteranen met geamputeerde ledematen.*

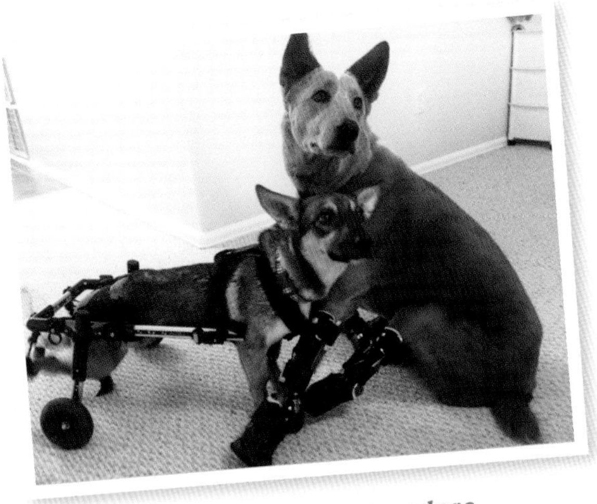

Naki'o inspireert andere gehandicapte huisdieren.

pup rond te rijden maar dat schoot niet op. 'Hij was niet graag alleen thuis. Hij wilde aldoor meedoen met ons gezin.'

Toch 'klaagde hij nooit,' zegt Christie vol verwondering. 'Hij had nog steeds een geweldige persoonlijkheid, was altijd blij. Maar er waren kleine tekenen, gedragingen waaruit bleek dat hij pijn leed.' Weldra uitte die pijn zich in wonden op de meest beschadigde achterpoot, die mogelijk geïnfecteerd waren. 'Het was een constant gevecht met antibiotica en pijnstillers. We weekten zijn wonden de hele tijd, hopend ze zo te genezen.' Toen Naki'o een jaar oud was en de problemen aanhielden, wist Christie dat het tijd was voor iets nieuws.

Ze begon zich te verdiepen in protheses. Ze hoorde dat het bedrijf OrthoPets met veel succes protheses op maat maakt voor dieren. 'Het was het lot,' zegt ze. 'Dat was precies wat ik zocht. Het was een zegen dat ik ze tegenkwam.'

Het inzamelen van $1000 voor de eerste poot ging gemakkelijk. 'We zetten een pot neer bij de balie van de kliniek en veel klanten gaven geld. Iedereen kende Naki'o en zijn verhaal en bij de kliniek hadden ze een band met hem. De hele gemeenschap hielp mee.' Toen deed OrthoPets iets geweldigs: ze doneerden de overige drie protheses!

Eerst werden een voor een de protheses voor de achterpoten gemaakt en Naki'o had al snel door hoe hij erop moest lopen. 'Hij voelde zich prettiger en kon met minder pijn buiten achter ballen aan rennen.'

Toen die zege binnen was, stelde OrthoPets voor omwille van de balans beide voorpoten tegelijk te doen.

Het gaat als volgt. Eerst maken dierenartsen in een simpele operatie aan elke poot het oppervlak van het bot waar de prothese komt schoon en glad. Dan worden de nieuwe poten gegoten en goed bekleed, opdat ze exact om de stomp passen. Elke stomp gaat in een kom die hem als een schelp omsluit terwijl de knie erboven kan buigen. Klittenband en kussens houden hem op zijn plaats. De 'voeten' lijken niet op dierenpoten; de zwarte delen met rubberen onderkant lijken meer geschikt voor een tafel dan voor een hond, maar ze zijn even goed bestand tegen stoten en sprongen als een natuurlijk lichaamsdeel.

Ineens had de hond zonder voeten er vier.

'De eerste keer dat hij opstond, was hij wiebelig als een pasgeboren veulen. Omdat hij eerst geen voeten had, wist hij niet waar zijn poten zaten.' Maar toen 'begon hij te lopen, daarna te rennen en te springen. Hij deed alles wat hij nooit had gekund en was dolblij. We maakten zelfs een echte wandeling door de straat! Dat was een enorme prestatie en natuurlijk bleef iedereen staan,' aldus Christie.

Sinds dat succes raakt Naki'o niet alleen opgewonden als hij zijn protheses ziet (zoals sommige honden reageren als je hun riem pakt), maar is ook zelfverzekerder en zelfs vriendelijker geworden, en dat wil heel wat zeggen. 'Hij is zo lief voor allerlei soorten mensen, kinderen en ouderen, en andere dieren. Ik weet dat dat komt door wat hij heeft meegemaakt.'

Zijn oorspronkelijke protheses zijn later bijgesteld en aangepast zodat ze nog beter passen. En Christie koos er een heel speciale decoratie voor. 'Ik koos de Amerikaanse vlag. Er was erg veel keus, zoals camouflage en bloemenprints. Maar ik nam de vlag omdat ik hem zie als een held en eer wilde bewijzen aan hem en aan de veteranen met geamputeerde ledematen die net zo hebben geworsteld als hij. Om ze te bedanken.'

Naki'o's rustige en lieve aard, ondanks zijn beproevingen, heeft hem veel aandacht opgeleverd. 'Mensen zien hoeveel ik voor hem heb gedaan, maar belangrijker is hoeveel hij heeft gedaan voor anderen. Zijn levensvreugde en vitaliteit zijn zo'n positief voorbeeld. Hij leert mensen dat dieren met ernstige handicaps een prima kwaliteit van leven kunnen hebben.'

En deze 'mallerd', zoals ze hem noemt, lijkt graag te pronken met zijn nieuwe vaardigheden. Hij nam deel aan een behendigheidswedstrijd, door tunnels en A-frames en tussen palen door. 'Iedereen die nog twijfels had, gaf hij het nakijken!' zegt Christie trots. Ze ging met hem naar

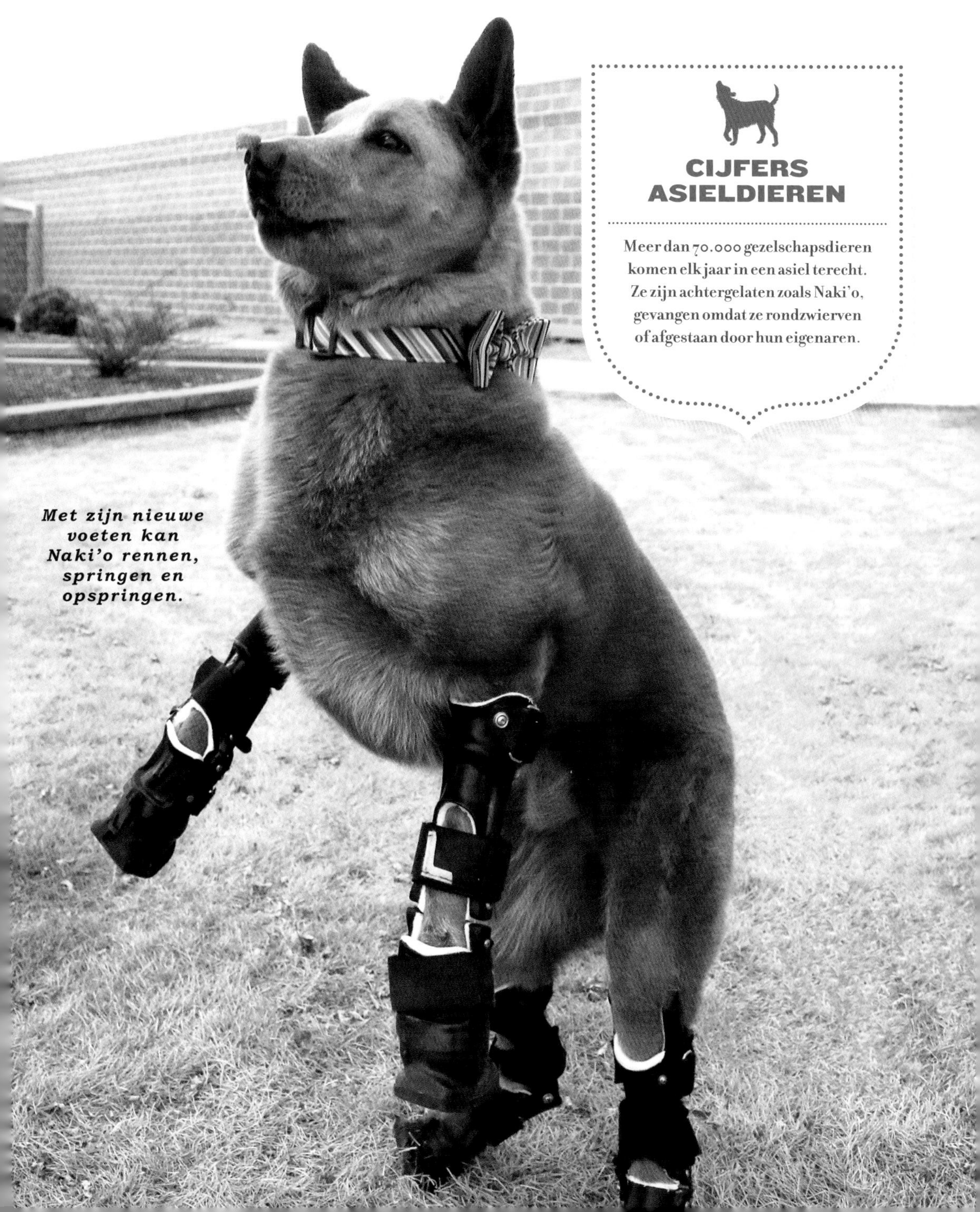

## CIJFERS ASIELDIEREN

Meer dan 70.000 gezelschapsdieren komen elk jaar in een asiel terecht. Ze zijn achtergelaten zoals Naki'o, gevangen omdat ze rondzwierven of afgestaan door hun eigenaren.

*Met zijn nieuwe voeten kan Naki'o rennen, springen en opspringen.*

bijeenkomsten voor gehandicapte huisdieren en naar gehandicapte kinderen. En het belangrijkste: hij inspireerde haar om in zijn naam een reddingsorganisatie op te richten. Via Naki'o's Underdog Rescue heeft Christie geholpen een thuis te vinden voor honden en katten met handicaps. Ze heeft er zelfs enkele uit het buitenland gehaald ter adoptie door Amerikaanse gezinnen.

'Al kunnen we geen grote aantallen helpen, de weinige gehandicapte dieren waarvoor we wel iets kunnen doen zijn het meer dan waard,' zegt Christie.

Intussen gooit Naki'o, niet beseffend wat een held hij is, zijn voeten omhoog en maakt mensen aan het lachen. Zo brengt hij overal waar zijn nieuwe poten hem brengen een sprankje magie.

*Altijd vrolijk tijdens de fysiotherapie.*

*Meneer en mevrouw Spock.*

**Maryland, V.S.**

# De coöperatieve kraanvogels

De heer en mevrouw Spock gooien hun kop naar achteren en snavels in de lucht en laten zich luidkeels horen. Ze zijn beide getooid in een bruingestippeld grijs verenpak en hebben een rood masker voor hun oranjeachtige ogen. Hun duet is feilloos: twee snelle trompetstoten van haar in antwoord op elke hoornstoot van hem. Ze laten me weten niet blij te zijn met mijn nabijheid. Ik stap wat weg van het hek dat ons scheidt en ze kalmeren. Maar hun ogen blijven op me gericht. Mijn bezoek is alleen welkom als ik iets te eten bij me heb.

Dit paartje Canadese kraanvogels, waarvan het mannetje puntige kuifjes aan zijn oren heeft (vandaar de naam Spock), leeft in het Patuxent Wildlife Research Center in Laurel, Maryland. Ze maken deel uit van een programma dat beoogt hun bedreigde neef, de

*Een trompetkraanvogelkuiken.*

sneeuwwitte trompetkraanvogel, te redden. Canadese kraanvogels zijn niet in gevaar. Zij hebben zich goed aangepast aan de menselijke activiteit aan de randen van hun habitat en hun populaties doen het prima. Maar het aantal trompetkraanvogels is sterk afgenomen door de jacht en verlies van leefgebied. In de jaren '30 van de vorige eeuw waren er nog maar vijftien volwassen exemplaren in het wild over. Wetenschappers proberen ze te redden en hebben veel vooruitgang geboekt, mede dankzij de Canadese kraanvogels.

Patuxent fokt al trompetkraanvogels in gevangenschap sinds de jaren '60 en heeft vogels uitgezet in wilde populaties in Louisiana en Wisconsin. Met kraanvogelpakken en handpoppen die eruitzien als kraanvogelkoppen worden de vogels zo natuurlijk mogelijk grootgebracht. Ze leren zelfs migreren door ultralichte vliegtuigjes te volgen, zoals ze zouden doen bij een volwassen vogel. Het programma is in veel opzichten enorm succesvol maar heeft in één belangrijk aspect gefaald. De uitgezette vogels zitten om onbekende redenen gewoon niet lang genoeg op hun eieren om ze uit te broeden. Mogelijk worden ze van het nest gejaagd door zwarte vliegen, maar dit moet nader worden onderzocht.

Zolang de trompetkraanvogels in het wild hun eieren niet uitbroeden, moet de mens ze blijven fokken. En hierbij zijn de Canadese kraanvogels bijzonder behulpzaam. Allereerst zijn ze proefkonijnen voor elk nieuw project. Omdat trompetkraanvogels zo waardevol zijn, worden ideeën en uitrusting eerst getest op de Canadese en dan pas op de bedreigde vogels. Dit gebeurde bijvoorbeeld met de foktechnieken in gevangenschap, inclusief de kostuums en handpoppen, en de migratielessen met vliegtuigjes; maar ook met een vaccin tegen het westnijlvirus dat nu aan alle trompetkraanvogels wordt gegeven. Canadese kraanvogels zijn ook 'voorproevers' van nieuw voedsel of nieuwe vitaminen. En het belangrijkste: ze fungeren als eierwarmers.

Kraanvogels leggen meestal twee eieren tegelijk (een legsel). Haal je de eieren weg, dan leggen het wijfje er algauw meer. Dus als de bedreigde trompetkraanvogels eieren leggen, worden die voorzichtig uit het nest gehaald en onder broedende Canadese kraanvogels gelegd. De eerste leggen dan een nieuw paar eieren en de list wordt herhaald. Zo kunnen meestal drie extra legsels per wijfje per seizoen worden verkregen. En dat betekent meer kraanvogels om de wilde populaties te versterken.

Elektrische broedmachines doen het ook goed, maar levende kraanvogels zijn zorgvuldiger. De heer en mevrouw Spock zijn twee van de meest effectieve pleegouders in Patuxent, samen met een wijfje dat Steve heet (naar een voormalig medewerker). Op een bijzonder warme dag gaven John French, een toxicoloog die de kraanvogel-

*Steve (boven) zit te broeden; de Spocks (links) wachten op nieuwe eieren.*

projecten leidt, en bioloog Brian Clauss me een rondleiding op de 800 hectare met rijen kraanvogelverblijven vol statige, luidruchtige vogels. Canadese Steve leek griezelig veel op het echtpaar Spock maar mij werd verzekerd dat deze vogels er dan wel hetzelfde uitzien, maar een eigen persoonlijkheid hebben. En kennelijk is niet elke Canadese kraanvogel een geschikte pleegouder.

De Spocks, zo vertelde French, 'gaan op alles zitten wat je ze geeft.' En Steve is al even meegaand. Zij trok zich nog minder aan van mijn aanwezigheid dan de meeste andere. Maar sommige kraanvogels zijn kieskeuriger. Ze lijken te beseffen dat de eieren niet van hen zijn (die van trompetkraanvogels zijn groter) en weigeren erop te zitten of maken ze kapot. Of ze keren ze niet genoeg om met hun snavel, gedrag dat de ontwikkeling van het jong bevordert. De deskundigen beoordelen elk Canadees paartje. 'We hebben zo'n vijftig paartjes in opleiding,' zegt French. 'De beste zullen een cruciale dienst gaan verlenen.' Meestal broeden mannetjes en vrouwtjes om beurten, maar singles zoals Steve kunnen het alleen af.

### KRAANVOGELDANS

**Alle kraanvogelsoorten dansen met sierlijke bewegingen. Meestal wordt dit in verband gebracht met hofmakerij maar het is meer: een kraanvogel kan ineens gaan dansen, ongeacht leeftijd of seizoen. Dit draagt bij aan de motorische ontwikkeling, gaat agressie en stress tegen en versterkt de band tussen partners.**

Inderdaad, cruciaal. En als het erom gaat een soort te behoeden voor uitsterven, zou ik zeggen heldhaftig. Bedenk eens dat kleine Steve vijftien jaar lang als pleegmoeder twee tot drie legsels per jaar heeft uitgebroed. Ik ben geen rekenwonder maar dat klinkt als maar liefst 45 trompetkraanvogels. Aangezien de totale populatie van deze vogels slechts enkele honderden bedraagt, is dat een indrukwekkende bijdrage. Een staande ovatie dus voor Canadese kraanvogels (de Spocks, Steve en vele andere), die helpen de trompetkraanvogels in de lucht te houden.

*Door twee Maremma's is de populatie dwergpinguïns op Middle Island van zeven naar tweehonderd gestegen.*

**Middle Island, Australië, 2009**

# Dwerg-pinguïn-hoeders

Op de zanderige kusten van Zuid-Australië en Nieuw-Zeeland leeft de kleinste pinguïn ter wereld. Hij wordt heel toepasselijk de dwergpinguïn genoemd en is een echt juweeltje, keurig uitgedost in blauwtinten met een witte buik en hazelnootbruine ogen.

Een broedkolonie van deze pinguïns leeft op Middle Island, een rots voor de kust van Victoria in Australië, nabij de stad Warrnambool. Bij zonsopkomst gaan de pinguïns de zee in om vis, inktvis en andere kleine zwemmers te vangen en komen terug op het land als de avond valt. Meestal foerageren ze in ondiep water, maar soms duiken ze meer dan 200 meter diep. Het is goed toeven in hun habitat bij Middle Island met zijn voedselrijke wateren en perfecte broedplaatsen.

*Eudy en Tula op vossenjacht.*

Er is echter één groot probleem. In november en december staat het water bij eb zo laag dat vossen vanaf het vasteland via een zandbrug kunnen oversteken. Desnoods zwemmen ze zelfs, maar ze houden hun vacht liever droog. Vossen zijn dol op pinguïns, maar niet op een positieve manier. De kleine vogels zijn voor hen een lekker hapje dat snel gevangen is. Op zeker moment was de jacht van de vossen zo succesvol dat de pinguïnpopulatie op Middle Island, die voor het jaar 2000 rond de zeshonderd vogels telde, in 2005 was afgenomen tot slechts zeven dieren.

Ik moet nog vermelden dat ondanks deze slachtpartij de dwergpinguïn geen bedreigde soort is. Hoewel huiskatten en honden veel kolonies op het vasteland van Australië en Nieuw-Zeeland hebben uitgeroeid, zijn ze nog talrijk op de kusten en eilanden. Er zijn er in totaal waarschijnlijk nog circa een miljoen. Maar deze specifieke groep had het duidelijk erg moeilijk. En vastelandbewoners zijn gehecht aan de pinguïns van Middle Island. De vogels horen er bij het landschap en de cultuur; daarom wilden de mensen de populatie weer op peil brengen.

### BESCHERMING VOOR DE DWERGPINGUÏNS

De medewerekers van Australische nationale parken huurden eens professionele sluipschutters om een belegerde kolonie dwergpinguïns te verdedigen.

Medewerkers van de gemeente deden van alles om de vossen te verjagen, van lokken tot uitroken tot afschieten. Maar niets bleek een oplossing voor de lange termijn. Dus besloten de gemeenteraad, de Warrnambool Coastcare Landcare Group en plaatselijke vrijwilligers in 2006 hun krachten te bundelen en een speciaal bewakingsteam in te stellen. Ze kozen de potige en fraaie maremmaschaapshond en noemden het project het Middle Island Maremma Project Schaapshonden zijn voortreffelijke veehoeders en, zoals een kippen-

Schattige kleine kuikens.

boer het formuleerde: 'Voor honden zijn pinguïns gewoon kippen in geklede jas.' Maar het bleef een experiment.

Gelukkig pakte het fantastisch uit. De maremma's bleken perfecte pinguïnbeschermers. Van meet af aan werden de vossen verjaagd en het aantal pinguïns steeg weer. Nog geen tien jaar later wordt de populatie geschat op bijna tweehonderd, waar er eerst zeven waren. De huidige helden zijn de jonge maremma's Eudy en Tula, die op het eiland leven en werken van september tot in april. Eudy is een beetje op zichzelf; ze komt wel even bij mensen kijken maar gaat dan weer haar eigen gang. Tula is een mensenvriend, altijd blij je te zien. Ze hebben zich gehecht aan het land, de vrijwilligers en de staf, de vogels en elkaar. En ze nemen hun werk erg serieus. Elke ochtend patrouilleren ze over het eiland om eventuele indringers op te sporen en te verjagen. De hele verdere dag en de nacht houden ze de wacht en dutten soms even in als alles rustig is.

'We kozen dit ras onder meer omdat de honden denken voor ze handelen,' legt Paul Hartrick van de gemeente Warrnambool uit. 'Gewone huishonden blaffen alleen als gekken. Maar deze dieren blaffen pas als een andere hond of een vos te dichtbij komt en een echte bedreiging wordt. Dan komen ze in actie.' Als er een vos in de buurt is, zullen de honden de pinguïns samendrijven en tussen hen en het roofdier gaan staan, zegt hij. 'En als de vos de aanval inzet, gaan ze achter hem aan.'

Om dit programma te doen slagen is het eiland sinds 2006 voorgoed gesloten voor publiek. De gemeenschap is het hiermee eens, beseffend dat deze geliefde pinguïns wat privacy nodig hebben willen ze zich met succes blijven voortplanten. Als er mensen over de rotsen en stranden struinen met hun camera in de aanslag kan dat dit essentiële gedrag verstoren. Om de mensen toch niet helemaal buiten te sluiten organiseert de gemeente elke zomer excursies waarop ze een glimp kunnen opvangen van de dwergpinguins en de maremma's die ze beschermen.

De honden beseffen natuurlijk niet dat ze zo'n heroïsche dienst leveren. Maar, zegt Paul, 'ze wijden hun leven aan de bescherming van deze pinguïns en lijken echt plezier te hebben in hun werk!'

**Morogoro, Tanzania, 1996**

# Bomratten

ARARAT WAS EEN AARDIG VENTJE, KALM ONDER DRUK, vriendelijk voor anderen en goed in zijn werk. Hij leerde snel en slaagde met glans voor al zijn tests. Elke dag als hij zijn talenten benutte, waagde hij zijn leven om mensen te helpen. Maar Ararat was geen typische soldaat. Dit dier met zijn 6 pond, grote oren, lange neus met snorharen en schaars behaarde staart was een gambiahamsterrat.

In de nasleep van oorlogen overal ter wereld zijn Ararat (van de soort *Cricetomys gambianus)* en andere zoals hij (knaagdieren die er een beetje uitzien als gewone ratten, maar dan veel liever en gespierder) onwaarschijnlijke helden.

Oorlog is altijd rampzalig. En als de rust in oorlogsgebieden is teruggekeerd, liggen er nog verborgen gevaren op de loer. In lan-

Speurratten hebben geholpen bij het ruimen van landmijnen in grote gebieden.

den als Mozambique en Angola, waar oorlogen zich decennialang voortslepen, is het land nog steeds vervuild met landmijnen, explosieven onder de grond die exploderen als iemand of iets erop trapt. Elke maand worden er zo mensen gewond of gedood. Hetzelfde gebeurt in meer dan zestig andere landen overal ter wereld. Dus zelfs als het vrede wordt, doet de oorlog nog zijn verwoestende werk.

APOPO (Anti-Persoonsmijnen Ontmijnende Product Ontwikkeling) is een Belgische onderneming, gevestigd in Tanzania, Oost-Afrika, die manieren zoekt om landmijnen zo veilig mogelijk onschadelijk te maken en op te ruimen. Sinds 1996 werkt het personeel met deze intelligente hamsterratten door ze te trainen met hun neus explosieven op te sporen zoals honden dat doen met drugs en boeven.

Met hun gevoelige neus dicht bij de grond kunnen ratten de geur oppikken die het explosieve materiaal (TNT) afgeeft. Ze leren snel om een begeleider te laten weten wanneer ze dat ruiken. Anders dan een menselijke mijnenopruimer zijn deze werkers van katformaat te licht om de mijnen te laten afgaan als ze eroverheen lopen. Bovendien leven ze lang, zijn gemakkelijk te fokken en te verzorgen en vinden het niet erg overal heen te worden vervoerd.

Buitenstaanders kunnen de in gevangenschap gefokte hamsterratten misschien moeilijk uit elkaar houden, maar geen twee zijn hetzelfde. Ze zijn net als kinderen en hebben een eigen persoonlijkheid. 'Sommige zijn erg energiek en constant in beweging,' zegt Timothy, 'terwijl andere meer relaxed zijn (zoals Ararat). Een paar zijn erg vocaal en piepen blij als ze gevoerd gaan worden, worden verzorgd en soms als ze hun werk doen.'

Mijndetectie, zowel de training als het echte werk, gebeurt vaak in de hete zon. Daarom masseren trainers zonnebrandlotion in de naakte rattenoren en -staarten voor ze het veld in gaan. Tijdens de training dragen de dieren een harnas met een touw eraan waarmee ze door het te ruimen gebied worden geleid. Met stukjes banaan (en het geluid van een klikker) als beloning leren ze grondig een terrein af te snuffelen en door krabben aan te geven waar ze hun doel ruiken. Als een rat een vondst lokaliseert en aangeeft, komen menselijke mijnopruimers met metaaldetectors en graafwerktuigen om het gevaarlijke werk te doen en de mijn onschadelijk te maken en op te graven.

Ararat was de eerste 'jackpotrat', vertelt Abdullah Ramadhani, trainingsmanager bij APOPO in Tanzania. 'Het was in het begin, toen we niet zeker wisten hoe accuraat deze ratten konden zijn. Hij was de eerste rat die de eindtest foutloos deed. Hij vond alle mijnen zonder valse meldingen.' Ararat liet de trainers zien waartoe deze dieren in staat waren, hoe heroïsch ze ooit konden zijn. Nu heeft APOPO wereldwijd ruwweg tweehonderd mijnruikende ratten in

*Een succesvolle vondst en op de volgende pagina... een beloning!*

training of aan het werk, plus honderd fokkers die dit leger helpen versterken.

Als de ratten weten wat ze moeten doen, worden ze ingezet op plaatsen waar ze het meest nodig zijn: Mozambique, Angola en in de toekomst ook Cambodja, om de mijnopruimingsteams te versterken. Daar worden ze in alle vroegte naar plekken gereden waar werk is voor hun neus. In sessies van 40 minuten struinen ze over terrein waar mijnen worden vermoed; ze worden niet langer voor elke ontdekking beloond, maar werken toch graag. Na hun ochtendsessies knabbelen ze in hun kooi op pinda's, stukjes banaan en brokjes voor ze zich op-

## SPEURRATTEN

De trainers bij APOPO probeerden eerst gevangen wilde ratten te gebruiken, omdat die al zijn aangepast aan de ruige omgeving waarin ze zouden werken. Maar toen dat niet lukte, begonnen ze de ratten zelf te fokken en stelden ze bloot aan allerlei voorwerpen, geluiden en geuren zodra hun ogen opengingen.

*De ratten kunnen de geur van TNT ruiken.*

krullen voor een welverdiend slaapje. Hoe heldhaftig zijn de speurratten tot dusver geweest? Timothy Edwards, hoofd training en onderzoek bij APOPO, zegt: 'Als je kijkt naar het aantal landmijnen dat door de ratten is gevonden lijkt hun rol misschien betrekkelijk klein. Maar kijk je naar de oppervlakte die is schoongemaakt, dan krijg je een heel ander beeld.' Zo hebben de ratten in een project in Mozambique geholpen circa 8 miljoen $m^2$ land schoon te maken en terug te geven aan de bevolking (dat is meer dan tweemaal de omvang van het Central Park in New York). Tijdens die inspanning wezen hun neuzen circa drieduizend landmijnen aan plus tal van andere gevaarlijke wapens.

Laten we deze ratten de waardering geven die ze toekomt. En hun neus is niet alleen geschikt om mijnen te vinden. Onderzoekers hebben ontdekt dat hij ook gevoelig is voor de geur van de dodelijke infectieziekte tuberculose (tbc) en kan worden getraind om ook die op te sporen. In laboratoria in ontwikkelingslanden gaat een ander stel APOPO-ratten met hun neus langs rijen buisjes; ze wijzen met tbc geïnfecteerde monsters aan van mensen bij wie de ziekte was gemist door laboranten met een microscoop. En dat blijken er veel! Zo herkenden in een streek in Afrika ten zuiden van de Sahara speurratten 4.722 mensen die tbc hadden en behandeling behoefden. Zij zouden die anders niet hebben gekregen omdat niemand wist dat ze ziek waren.

Timothy: ‘Als je bedenkt dat iedereen met actieve tbc elk jaar tien tot vijftien anderen kan besmetten,’ en dat één rat in 10 minuten meer monsters kan beoordelen dan een laborant op een hele dag, ‘is dat een grote prestatie.’

Vandaar dat de dieren van APOPO bekendstaan als ‘heldenratten’. ‘Voor mij is een held iemand die gevaarlijk of moeilijk werk doet om anderen te helpen zonder daar veel voor terug te vragen,’ zegt Timothy. ‘Ik denk dat onze ratten precies aan deze beschrijving voldoen.’ Door ontelbare monsters te besnuffelen om tbc te helpen bestrijden en het moeizame (en gevaarlijke) opsporen van mijnen onder de hete Afrikaanse zon, hebben ze zeker recht op deze titel, zegt hij. ‘En alles wat ze ervoor terugvragen is een stukje banaan, wat pinda’s, een stenen pot om in te slapen en een stok om op te knagen.’

WILTSHIRE, ENGELAND, 2010

# *Het* schaap *dat* kanker te snel af was

EMMA TURNER WAS GEEN SCHAPENMENS. ZE GROEIDE ER niet mee op, kwam niet op de schapenboerderij van de oudtante en -oom van haar man en wist er eigenlijk niet veel van. 'Ik kom uit West-Londen,' legt ze uit.

Maar zo'n twintig jaar geleden verhuisden zij en haar man David Foster naar Wiltshire in Zuidwest-Engeland, waar ze paarden gingen houden. En paarden doen moeilijk als er stekelig onkruid tussen hun benen groeit, zegt ze, 'dus is het handig een paar schapen te hebben om het gras wat kort te houden.' Ze kozen een lokaal en vrij zeldzaam ras, het cotswoldschaap.

Schaap Alfie was er bijna niet geweest. Eerst verdween zijn ras bijna in de jaren '60, lang voor hij werd geboren. Alleen dankzij de gepassioneerde inspanningen van fokkers raakten de cotswolds niet in de vergetelheid. Ten tweede was Alfies moeder erg ziek en was zijn geboorte zo moeilijk dat hij bijna stierf. 'Alfie was de tweede bevalling die we deden,' vertelt Emma over de nu 120 kilo zware ram. Zijn moeder Mazy overleed toen Alfie nog geen week oud was. 'Het lam had zuurstofgebrek; was hij een mens geweest, dan had hij waarschijnlijk hersenverlamming of erger opgelopen,' zegt Emma. 'Maar het enige wat hij eraan overhield waren een wat wankele tred en een schokkerige draf. Ook was hij de eerste achttien maanden meestal ziek. We moesten hem keer op keer redden.'

Misschien komt het door zijn overlevingsdrang, zegt ze, 'dat ik altijd dol op hem was. Hij was vriendelijk. Na zijn moeders dood werd hij gevoed met de fles en lag in de keuken onder een warmtelamp,. Hij was dus gewend aan mensen. Op den duur werd hij erg charismatisch. Nu is het een knuffelaar. Omdat zijn lijf niet altijd doet wat hij wil, gebruikt hij zijn hersens om zijn zin te krijgen.'

*Toen Alfie zich vreemd begon te gedragen wist Emma dat er iets mis was.*

Dit grote, intelligente, nieuwsgierige dier was bovendien humeurig, zegt ze, 'echt een cotswold. Die trek hebben ze allemaal.'

Maar één ding is typisch voor Alfie: zijn gedrag is voor zijn eigenaren voorspelbaar. Emma kent hem goed en zijn gedrag verrast haar zelden. Dus toen hij gek begon te doen, ging bij haar een alarmbel rinkelen.

'Het was oktober 2010, de maand waarin je voorbereidingen moet treffen als je schapen fokt,' zegt Emma. 'We maken alle schapen klaar om zich voort te planten, controleren alle hoeven en tanden en of ze gezond zijn. Alfie was in een gekke bui. We wisten niet goed wat hem bezielde. Normaal laat hij heel rustig zijn poten optillen, leunt tegen de muur en laat zich onderzoeken. Maar die dag kreeg hij de kolder.'

Er waren drie mensen voor nodig om Alfie in een werkbare positie te krijgen, zo zittend dat zijn rug tegen Emma's lichaam leunde. 'Zijn kop lag tegen de bovenkant van mijn borst,' zegt ze. 'Ineens gooide hij zijn kop naar achteren en beukte steeds opnieuw tegen me aan. Het was erg pijnlijk, hij raakte steeds dezelfde plek. Toen stormde hij weg. Dat alles was niets voor Alfie. Ik dacht er zelfs over de dierenarts te bellen omdat hij zo vreemd deed.'

De volgende dag leek Alfie weer normaal, maar Emma was bont en blauw waar de schapenkop haar steeds weer had geraakt. Toen, na een paar dagen, merkte Emma iets alarmerends: 'een kleine harde knobbel precies in het midden van de blauwe plek op mijn rechterborst. Precies in het midden, en ik merkte hem alleen op door de kneuzing daar.' Ze ging naar haar arts, er werden scans gemaakt en een biopt genomen en ten slotte kwam het onheilspellende nieuws dat de knobbel inderdaad kanker was. Een agressieve vorm.

*Als Alfie (boven) niets had gedaan, zou Emma's kanker veel sneller zijn uitgezaaid.*

'Op dat moment dacht ik echt aan Alfie. Ook in het ziekenhuis had iedereen hem in gedachten. Ze waren ervan overtuigd dat Alfie het met opzet had gedaan. Zelfs mijn chirurg dacht dat. Je hoort wel over honden die kanker bij hun eigenaar ruiken dus waarom een schaap niet? Ik vond het eigenlijk absurd dat iedereen dat dacht.'

Emma wist niet wat ze ervan moest denken. 'Maar ik was me er wel van bewust dat Alfie me een goede dienst had bewezen,' zegt ze. Hoe de ontdekking ook was gegaan, de kanker moest snel worden behandeld.

Natuurlijk weet niemand of Alfie voelde dat er iets mis was met Emma of gewoon een slechte dag had toen hij tegen haar borst bonkte. Hoe dan ook, 'ik heb mijn leven aan hem te danken,' aldus Emma. Hij vestigde haar aandacht op de eerste tumor. Toen bleek dat ze meer tumoren had dan de dokter vermoedde en dat die zich zouden uitzaaien naar haar lymfeknopen. 'Hij redde mijn leven en volgens mijn chirurg deed hij dat op precies het goede moment.' Als de kanker iets meer tijd had gehad om zich uit te zaaien zou het erg snel zijn gegaan en dan had dit verhaal veel slechter kunnen aflopen.'

Alfie hielp bovendien Emma's man tijdens het dieptepunt van haar ziekte. 'Het schaap was een enorme troost voor hem,' zegt ze, 'net als voor mij. Ik vertel hem nog steeds al mijn problemen; hij kan erg goed luisteren.' Uit waardering wordt Alfie erg goed behandeld, met verjaarspartijtjes en lekkere hapjes en massages van zijn pijnlijke gewrichten. Ook vertellen ze op zijn Facebookpagina (ja, die heeft hij echt!) over zijn grappige streken. Een vriendin van Emma heeft zelfs een lied voor hem geschreven.

## COTSWOLD-SCHAPEN

**De cotswoldschapen stammen uit de Cotswoldheuvels in het zuiden van Midden-Engeland. Ze werden niet alleen gefokt als grasmaaiers maar ook voor de wol, de melk en, in mindere mate, het vlees.**

'Misschien was het louter toeval,' zegt Emma, die nu twee jaar kankervrij is en zich goed voelt. 'Maar zijn gedrag die dag was heel uitzonderlijk voor hem en hij heeft later ook nooit meer zoiets gedaan. Hij is heel bijzonder en ik zie hem er wel voor aan... het zou beslist kunnen dat hij het wist.'

*'Ik heb mijn leven aan hem te danken,' zegt Emma.*

**Colchester, Engeland, 2004**

# *Een* konijn *met een* zesde zintuig

Simon Steggall is 51 en woont in Colchester, de oudste stad van Engeland. Hij heeft sinds zijn vierde jaar diabetes type 1, maar gaat daar goed mee om. Hij is verder gezond, doet aan paardrijden en kajakken en werkt fulltime voor British Telecom. Hij is daar al 26 jaar in dienst en een tijdlang deed hij fysiek zwaar werk. Als telefoontechnicus klom hij de hele dag in palen, soms diverse malen op en neer. Na zo'n dag was hij uitgeput en beurs en wilde alleen maar in een luie stoel zitten en niets meer doen, hoogstens Dory aaien.

Dory (vernoemd naar de vis uit *Finding Nemo*) was een Vlaamse reus, een konijnenras dat bekend is om zijn grote formaat. Konijn Benny, die in 2009 meedong naar de titel langste konijn ter wereld, bereikte een lengte van 0,78 meter op circa 30 kilo voer per week. 'De volwassen Dory woog bijna 12 kilo! Als ze bij je op schoot zat, nam ze die

*Dory's gedrag vestigde de aandacht op Simon's diabetische coma.*

helemaal in beslag.' Hij had eerder katten en honden gehad, 'maar er gaat niets boven een enorm konijn op je schoot,' zegt hij. 'Het was heerlijk.'

En ze was niet gewoon een reus met enorme oren: Dory had ook een groot hart. Het konijn leek Simon te aanbidden; ze kroop vaak tegen hem aan en wreef met haar kaak tegen hem aan, markeergedrag dat betekent 'jij bent van mij'. Ze was ook een veelvraat. Hij en zijn toenmalige vrouw Victoria gaven haar kool en droogvoer, maar vervolgens deed ze zich buiten te goed aan al het groen dat ze kon vinden: paardenbloemen, wolfsmelk en bloemen. 'Ze werd almaar groter,' zegt hij.

Simon en zijn enorme konijn waren dus de beste maatjes. En die relatie bleek cruciaal voor Simons overleven.

In januari 2004 sleepte Simon zich naar huis na een van die uitputtende dagen waarop hij eindeloos in telefoonpalen was geklommen. Hij trok zijn vuile werkkleren uit, plofte in een luie stoel en zette de tv aan voor een ontspannen avond zodat zijn vermoeide lichaam kon bijkomen.

Victoria zag tot haar verbazing dat Simon in zijn stoel was ingedommeld. Dory, die verlangde naar Simons zachte schoot, zag haar kans schoon en sprong op haar favoriete plekje. Als huiskonijn had ze bepaalde privileges, maar Victoria wilde haar niet op de meubelen en beval haar eraf te komen.

Nu had Simon opnieuw heel veel geluk. Het konijn negeerde Victoria's bevel en begon zich vreemd te gedragen. Ze strekte zich niet uit op Simons benen maar legde haar enorme poten tegen zijn borst en begon te krabben alsof ze een gat groef, niet ruw maar wel zo dat het Victoria's aandacht trok. 'Victoria zei later dat Dory heel druk deed en erg overstuur leek,' vertelt Simon. 'Ze bleef aan me klauwen alsof ze me probeerde wakker te maken, tot Victoria kwam kijken wat er aan de hand was.'

Victoria, opgeleid tot ambulancechauffeur, besefte toen dat Simon niet zat te dutten, maar in een diabetische coma was geraakt, wat bijzonder gevaarlijk is. Ze controleerde meteen Simons bloedsuiker en belde de hulpdienst.

'Ik herinner me alleen dat ik voor de tv ging zitten en wakker werd op de grond terwijl boven me verpleegkundigen mijn naam riepen,' zegt Simon. Het team bracht Simon bij en zorgde dat hij veilig thuis kon herstellen. 'Ik voelde me erg verward en had het daarna een paar uur behoorlijk moeilijk,' vertelt hij. 'Toen hoorde ik wat Dory had gedaan. Ik wist meteen dat als zij zich niet zo had gedragen, ik voor hetzelfde geld dood was geweest.'

Hij heeft geen duidelijke verklaring voor Dory's gedrag. 'Ik weet niet of je lichaam anders ruikt als je bloedsuiker laag is, wat wel zo is bij een hoge bloedsuiker, maar misschien liet Dory zich leiden door haar reuk,' zegt Simon. Hij had vroeger een hond die niet in zijn buurt wilde zijn als Simons bloedsuiker laag was, misschien omdat hij de verandering voelde.

'Maar het is ook zo dat ik altijd Dory's vacht streel en haar oren krab als ze op mijn schoot zit. Misschien verontrustte het haar dat ik haar niet aanraakte en krabde ze me om te vragen waarom ik haar geen aandacht schonk.'

Simon zegt dat Dory algauw een plaatselijke beroemdheid en medialieveling werd. 'En ik behandelde haar als een prinses,' vertelt hij. 'We kochten savooiekool en ander lekkers voor haar. We verwenden haar echt.'

'Als Dory er niet was geweest, had het toen weleens slecht kunnen aflopen,' zegt hij. 'Ze was een echte held. Een levensredder.'

Het vermogen van sommige dieren om menselijke ziekten te ruiken of te voelen kan in de toekomst meer levens redden. Onderzoek heeft al aangetoond dat vooral honden diverse vormen van kanker kunnen ruiken. Misschien zal Fikkie je op een dag tijdens een medische controle komen besnuffelen of zal een konijn als Dory met zijn beweeglijke neus je unieke geur opsnuiven.

# Bibliografie

## BOEKEN, ARTIKELEN, GESPREKKEN EN VIDEO'S


Balas, M., 'Oregon City Hero Cat That Rescued Soldier to Be Honored by ASPCA'. *The Oregonian* (Portland, OR), 11 november 2013.

Bat Conservation International. 'The Tale of the Flying Fox Midwife'. *BATS magazine* 13 (2), zomer 1995.

BBC News. 'Rabbit Saves Diabetic from Coma' (29 januari 2004): news.bbc.co.uk/2/hi/uk_news/England/cambridgeshire/3441337.stm.

BBC News. 'Skippy to the Rescue' (22 september 2003): news.bbc.co.uk/2/hi/asia-pacific/3127814.stm.

Bhanoo, S. N., 'Four-Legged Assistants Sniff out Wildlife Data'. *The New York Times*, 14 januari 2011.

Bideawee. 'A Most Unlikely Cat Hero' (2013, Studio One Networks): bideawee.org/S1-TCC-Blog-oklahoma_cat_hero-426.

Bohn, K. M., C. F. Moss en G. S. Wilkinson, 'Pup Guarding by Greater Spear-Nosed Bats',

Behavioral Ecology and Sociobiology (10 juni 2009): link.springer.com/article/10.1007%2Fs00265-009-0776-8/

Bonsper, P., 'Dan & Shadow: The Sky's the Limit', *Coastal Canine*, herfst 2013.

Breuning, L. G.. 'The Myth of Animal Altruism', *Psychology Today*, 24 mei 2011.

Britannica.com. African Pouched Rat: britannica.com/EBchecked/topic/472950/African-pounched-rat#toc226067. z.j.

Britannica.com. Manawatu River britannica.com/EBchecked/topic/361352/Manawatu-River. z.j.

Britannica.com. Syrinx: britannica.com/EBchecked/topic/579069/syrinx. z.j.

CBS Chicago, '15 Years Ago Today: Gorilla Rescues Boy Who Fell in Ape Pit' (16 augustus 2011: chicago/cbslocal.com.

Centre National de la Recherche Scientifique, 'Why Are Animals Altruistic?' *Science Daily* (5 april 2006): sciencedaily.com/releases/2006/04/060404201741.htm.

Chakraborty, Debajyoti, 'Elephant Pulls Down House in Bengal, Then Rescues 10-Month-Old Baby Trapped Under Debris', (12 maart 2014): timesofindia.indiatimes.com/india/Elephant-pulls-down-house-in-Bengal-then-rescues-10-month-old-baby-trapped-under-debris/articleshow/31860512.cms

Chapman, Paul, 'Swimming Cow Saves Farmer's Wife', *Telegraph* (Nieuw-Zeeland), (18 februari 2004): telegraph.co.uk/news/worldnews/australiaandthepacific/newzealand/1454679/.

Corpsman.com., 'Veterans Day 2010': corpsman.com/2010/11/in-war-there-are-no-unwounded-soldiers-jose-narosky-veterans-day-2010/#Scene_1.

Cox, C., et al., 'Rats for Demining: An Overview of the APOPO Program'(date?):apopo.org/images/publications/.

Defenders of Wildlife, 'Basic Facts About Sea Otters', (2013): defenders.org/sea-otter/basic-facts.

De Waal, F., 'Moral Behavior in Animals', TED talk, 10 april 2012. Encyclopedia of New Zealand 1966. 'Manawatu River': teara.govt.nz/en/1996/manawatu-river.
Fried, J., 'A Few Short of 9 Lives, but Still Much Beloved', *The New York Times*, 4 maart 2001.
*The Guardian,* 'Giant Rats Put Noses to Work on Mozambique's Landmines'. (22 januari2014): theguardian.com/global-development/.
*Hay's Daily News*, 'KVMA Present Pet of the Year Awards' (17 juni 2013): hdnews.net/news/Pet061813.
Hogeschool hadenbosch, 'Feiten & Cijfers Gezelschapsdierensector 2011' (2011): http://een-01.nl/een-01.nl/wp-content/uploads/2014/01/Feiten-Cijfers-van-de-Gezelschapsdierensector-2011.pdf
Horner, V., et al. 'Spontaneous Prosocial Choice by Chimpanzees'. PNAS 108 (13), 16 augustus
Horsetalk, 'Heroic Horse Saves Woman from Death by Cow': horsetalk.co.nz/archives/2007/08/110.shtml#axzz2Uhetja6v.
Huffington Post, 'Hero Parrot 'Willie' Saves Choking Girl': huffingtonpost.com/2009/03/hero-parrot-willie-saves-_n_178586.html.
Huffington Post, 'Lioness Attacks Crocodile to Protect Pride': huffingtonpost.com/2012/07/25/lioness-fends-off-alliga_n_1701939.html.
Kumaran, C., 'The Floods of February 2004', *Impact* 17, maart 2004.
Kunz, T. H., et al., 'Allomaternal Care: Helper-Assisted Birth in the Rodrigues Fruit Bat,Pteropus rodricensis', *Journal of Zoology,* Londen 232, 691–700, 1994.
LAist, 'Heroic Llama Saves Flock of Sheep from Cajon Pass Brush Fire': laist.com/2011/09/12/heroic_llama_saves_flock_of_sheep.php.
Laskow, S., 'Surrogate Mom Housecat Gives Birth to Endangered Kitten' Grist.org, 14 maart 2012.
Mahoney, A., et al., 'Mine Detection Rats: Effects of Repeated Extinction on Detection Accuracy' (herfst 2012): jmu.edu/cisr/journal/16.3/rd/mahoney.shtml.
Mail Online, 'Elk and Safety: Zookeepers Stunned as Moose Rescues Drowning Marmot from Watery Death' (1 juli 2011): dailymail.co.uk/news/article-2009820/.
Metro, 'The helpful hippo that rescues helpless animals': metro.co.uk/2010/11/10/577284.
Monterey Bay Aquarium (MBARI), 'Sea Otter Research and Conservation at the Monterey Bay Aquarium' (seminar): mbari.org/seminars/2000/Fall2000/dec06_johnson.html.
Naeger, N., et al., 'Altruistic Behaviour by Egg-Laying Worker Honeybees', *Current Biology*, augustus 2013.
No Feather Left Behind Avian Rescue, 'How Do Birds Talk Without Vocal Chords?': birdyrevolution.blogspot.com/2011/01/how-do-birds-talk.html.
O'Beollain, P., 'Partially Paralyzed Former Shelter Rabbit Helps Pediatric Patients' (25 april 2010): examiner.com/article/.
Olsen, G. H., et al., 'Pathogenicity of West Nile Virus and Response to Vaccination in Sandhill Cranes (Grus Canadensis) Using a Killed Vaccine', *Journal of Zoo and Wildlife Medicine* 40 (2): 263–271 (2009): bioone.org/doi/abs/10.1638/2008-0017.1
Olson, Y. S., 'Dog's Friendship Saves Veteran's Life', mysuburbanlife.com: gurneesuburbanlife.com/2013/05/22/dogs-friendship-saves-veterans-life/ayfetgx.
Oskin, B., 'Sheepdogs Save Australia's Endangered Penguins' (2 juni 2013): livescience com/37097-dogs-protect-endangerred-penguins.html.

Parker, M., 'Wildlife Detection Dogs', The Wildlife Society, 26 mei 2011.
PBS Nature, 'Saving Otter', 12 oktober 2013: pbs.org/wnet/nature/episodes/saving-otter-501.
Penguin Foundation, 'About Little Penguins: penguinfoundation.org.au/about-little-penguins.
Phys.org., 'New Research Provides Evolutionary Snapshot of Surprisingly Altruistic Bees':
phys.org/news/2013-08-evolutionary-snapshot-surprisingly-altruistic-bees.html#jCp.
Plotnik, J. M., en de Waal, Frans B. M., 'Asian Elephants (Elephas maximus) Reassure Others in Distress', *PeerJ 2* (278) (februari 2014): peerj.com/articles/278.
Poling, A., et al., 'Using Trained Pouched Rats to Detect Landmines: Another Victory for Operant Conditioning', *Journal of Applied Behavioral Analysis* (zomer 2011): ncbi.nlm. nih.gov/pmc/articles/PMC3120071.
Poling, A., et al., 'Two strategies for landmine detection by giant pouched rats', *Journal of ERW and Mine Action* (voorjaar 2010): jmu.edu/cisr/journal/14.1/R_D/poling.shtml.
Richard, M. G., 'Sheepdog "Bodyguards" Protect Endangered Penguins from Foxes, Saving sciences/sheepdog-bodyguard-protect-endangered-penguins-foxes-australia.html.
Rural Delivery, 'Riley's Dairy', (3 april 2010): ruraldelivery.net.nz/2010/04/rileys-dairy/.
Salazar, J., 'Chimp Test Shows Planet of Altruistic Apes' EarthSky (10 augustus 2011): earthsky.org/human-world/.
Stokes, Paul, 'Seal Swims to Rescue of Drowning Dog', *Telegraph* (Nieuw-Zeeland) (20 juni 2002): telegraph.co.uk/news/uknews/1397813/seal-swims-to-rescue-of-drowning-dog.html.
U.S. Geological Survey, 'The Whooping Crane: Return from the Brink of Extinction', februari 2012 whoopers.usgs.gov/publications/CraneInfoSheet_4pp.pdf.
Wallace, R., 'Paralyzed Bunny Helps Children Overcome Their Own Disabilities', Zootoo (26 maart 2010): zootoo.com/petnews/paralyzed-bunny-helps-children-overcome-their-own-disabilities-1554.
White, Tracie, 'For Elephants, Deciding to Leave the Watering Hole Demands Conversation, Study Shows', (2 oktober 2012): http://med.stanford.edu/ism/2012/october/elephant. html#sthash.k5MBDWkX.dpuf
World Wildlife Fund, 'Western Lowland Gorilla', 2014 http://
worldwildlife.org/species/western-lowland-gorilla.
WZZM13, 'Comstock Woman Gets Attention for Service Goat': wzzm13.com/video/2403006890001/50624700001/Comstock-Park-woman-gets-attention-for-service-goat
wzzm13.com/news/article/257388/14/Comstock-Park-woman-gets-attention-for-service-goat.
Yahoo News, 'Dolphins Saved My Life: Woman Says', (5 maart 2013): au.news.yahoo.com/odd/a/-/odd/16301522/dolphins-saved-my-life-woman/.
Yang, S., 'Wildlife Biologists Put Dogs' Scat-Sniffing Talents to Good Use': newscenter.berkeley.edu/2011/01/11/dogs/.
Yerkes National Primate Research Center, Emory University, 'Chimpanzees Are Spontaneously Generous After All', (8 augustus 2011): yerkes.emory.edu/about/news/developmental_cognitive_neuroscience/ chimpanzees_generous.html.

## EEN KEUZE UIT WEBSITES

British Rabbit Council: thebrc.org
Center for Orthotics Design: centerfororthoticsdesign.com/isocentric_rgo/index.html
IUCN Rode lijst van bedreigde soorten: iucnredlist.org/details/8542/0
Leonberger Club of America:
leonbergerclubofamerica.info
Leonberger Honden Club Nederland
www.leonberger.nl
Dwergpinguïn: http://nl.wikipedia.org/wiki/Dwergpingu%C3%AFn
Middle Island: http://en.wikipedia.org/wiki/Middle_Island_(Warrnambool)
Middle Island Maremma Project: warrnambool.vic.gov.au/index.php?q=node/943
Mtn Peaks Therapielama's & -alpaca's: rojothellama.com
Quaker Parrots.com: quakerparrots.com/quaker-parrot-faq
Tanzania National Parks: tanzaniaparks.com/news/migration.html
Stichting Hulphond Nederland
www.hulphond.nl
Stchting Kind en Hulphond
www.kindenhulphond.nl
Stichting Assistentiehond
www.assistentiehond.nl

# Dankwoord

Om het kort te zeggen: zoals altijd ben ik mijn familie, vrienden en redacteuren bijzonder dankbaar. Vooral dank ik mijn bronnen omdat ze hun herinneringen aan dierenheldendaden wilden delen, zodat ik deze bladzijden kon vullen met inspirerende ware verhalen over compassie en hoop. Heel veel dank, allemaal!

Ik bedank mijn schoonfamilie, Lorie, Glenn, Lenora, en Ross, omdat ze me het gevoel gaven speciaal te zijn en me voorzagen van goed voedsel, sloten merlot en heel veel familieliefde.

Mijn speciale dank gaat uit naar mijn loyale en getalenteerde researcher Kate Horwitz; ze is een kei in het vinden van goed materiaal en hield het project gaande als ik een dutje deed. Ga zo door, Kate!

Intens dankbaar ben ik mijn vriendin, de voortreffelijke woordensmid Lynne Warren voor haar redactiewerk, steun en betrokkenheid.

Veel waardering heb ik voor de zachtmoedige luisteraar Margaret Storey die mij bemoedigde en stuurde zonder te oordelen; en voor mijn agent Suzanne Gluck voor haar topadviezen en nuchtere kijk.

Ook heel erkentelijk ben ik So-Young Lee die van het Koreaans Engels maakte en jindofeiten scheidde van fictie.

Ik breng een toast uit op de geweldige vrouwen die me regelmatig oppeppen en de stukken oprapen als ik instort, vooral Patti Bright, Melanie Carlos, Carol Kaufmann, Julie McCord, Sadié Quarrier, Lynne Warren en Annika McNamara.

Dank ook aan de kinderen in mijn leven omdat jullie zijn wie jullie zijn: Kate, Will, Elliott en Jasper, plus Cree, Abigael, Evelyn en Theo; jullie zijn geweldige mensen en ik ben blij dat ik jullie ken.

Ik zeg ook dank aan Gerald Carter voor zijn geduldige uitleg van complexe ideeën en voor het delen van zijn vleermuizengrot. Aan Neil Reilly, dank voor het passen op mijn slangen, zodat ik kon ontsnappen naar mijn boshut, de beste plek om dierenverhalen te schrijven.

Waits en Monk, wollige stinkbeesten, bedankt voor jullie gezelschap, voor al die redenen om uit mijn stoel te komen en voor het warm houden van mijn voeten de hele winter.

Tot slot een warm en welgemeend dankjewel voor mijn Workman-'familie': Krestyna Lypen voor haar geweldige redactiewerk en goede ideeën, Melissa Lucier voor opnieuw heroïsche fotografie, Maggie Gleason en Chloe Puton voor de enthousiaste publiciteit (en voor het vervelende regelwerk voor al die reizen), Ariana Abud voor het geïnspireerde design, Tae Won Yu voor al die schattige illustraties bij de verhalen en Beth Levy voor het regelen van alle kleine details. En ik zou in gebreke blijven als ik niet opnieuw mijn erkentelijkheid betuigde aan Raquel Jaramillo, omdat zij me om te beginnen deze prachtige, onwaarschijnlijke gelegenheid heeft geboden.

*Jennifer S. Holland*

# Fotoverantwoording

**Cover en compositie titelpagina:** Naki'o door Rick Wilking/Reuters; achtergrond foto (gras) door Siede Preis/Getty Images.

**Achterplat:** James Weis/BNPS (links), George Karbus Photography/Getty Images (rechts).

**Binnenwerk foto's:** Courtesy of Alyn Hospital: p. 154, p. 156; Associated Press: p. 58, (boven en onder); Barcroft/Landov: p. 83, p. 84; Maarten Boersema: p. 232, p. 237; Christy Bogner: p 92–96; Caters News Agency Ltd: p. 124 (rechtsboven), p. 124 (middenrechts), p. 129; Julie Crawford/Central Oklahoma Humane Society: p. 91; Marty Davis: p. 145; Pia Dierickx: p. 5 (midden), p 160–167; Elyse Fair/Central Oklahoma Humane Society: p. 86; Fairfax Media New Zealand: p. 113, p. 114; met dank aan Nancy Fite: p. 130, p. 132, p. 134; David Forster en Emma Turner: p 240–245; Karyn Gitsham p. 116, p. 120; met dank aan Lori Gregory: p. 146; Dave Hamman: p. 200; Lon Hodge: p. 5 (boven), p. 148, p. 150 (onder), p. 151; Meagan Howard: p. 66; Sue Howes: p. 41; imageBROKER/Alamy Images: p. 208; George Karbus Photography/Getty Images: p. 38; Abdul Karim: p 50–54; Jesse Knott: p 180–184; Ålvaro Laiz: p. 236; Murdo Macleod: p. 74, p. 77; Sara Manley: p 168–173; michaklootwijk/fotolia: p. 71; Middle Island Maremma Project: p. 226, p. 228, p. 229, p. 231; Mint Images/Getty Images: p. 207; met dank aan © Monterey Bay Aquarium, foto door Randy Wilder: p. 4, p. 6, p. 196, p. 194, p. 195, p. 196; Vic Neumann: p. 25, p. 43; Michael Nolan/ Getty Images: p. 118; North Shore Animal League America: p. 47; Nuneaton & Warwickshire Wildlife Sanctuary/Peter Corns: p. 2, p. 124 (links), p. 124 (onder); Scott Olson/Getty Images: p. 56; © Christie Pace: p. 213, p. 214, p. 219; Patuxant Wildlife Research Center USGS/Jane Chandler: p. 220, p. 224; Patuxant Wildlife Research Center USGS/Barbara Claus: p. 222; Photolibrary/Getty Images: p. 72; Siede Preis/Getty Images: p. 210 (achtergrond gras); Richard Rayner/North News and Pictures: p. 68; Rex USA: p. 80; Joy Rexroat: p 98–102; Tamara Reynolds Photography: p. 32, p. 35, p. 62, p. 65; met dank aan Kim Riley: p. 111 (koe in compositie); Gary Rohde: p 136–139; Hugh Ryono: p. 5 (onder), p 26–30; met dank aan Bruce Schumacher: p 104–107; Vlad Skibunov/Shutterstock: p.110 (gras in compositie) Nancy Steele: p. 142; Simon Steggall: p 246–248; met dank aan Jeff Strout/Audubon Nature Institute: p. 204; Jim Urquhart/Reuters: p 174–178; James Weis/BNPS: p. 82; Karen Wellen: p. 46; Rick Wilking/Reuters: p. 210 (Naki'o), p. 217; Working Dogs for Conservation: p. 198, p. 201; Xiaoli Xu: p. 14, p. 150 (boven); Taro Yamasaki/Time & Life Pictures/Getty Images: p. 44, p. 46; Chiba Yasuyoshi: p. 234, p. 238.; Shody Careman: p. 186 en p. 188